목숨을 건 갈증,

자유

목숨을 건 갈증, 자유

발행	2025년 12월 15일

지은이	정유나
발행인	윤상문
편집인	이은혜, 이대순
디자인	박진경, 표소영
발행처	킹덤북스
등록	제2009-29호(2009년 10월 19일)
주소	경기도 용인시 기흥구 동백동 622-2
문의	전화 031-275-0196 팩스 031-275-0296

ISBN 979-11-5886-352-4 03230

Copyright ⓒ 2025 정유나
이 책은 저작권법에 따라 보호받는 저작물이므로 무단전재와 복제를 금지하며,
이 책의 내용의 전부 또는 일부를 이용하려면 반드시 저작권자와 킹덤북스의
서면 동의를 받아야 합니다.

※ 잘못된 책은 구입한 곳에서 교환하여 드립니다.
※ 책 가격은 표지 뒷면에 있습니다.

킹덤북스 킹덤북스(Kingdom Books)는 문서 사역을 통해 하나님의 나라를 확장하고,
Kingdom Books 한국 교회와 세계 교회를 섬기고자 설립된 출판사입니다.

목숨을 건 갈증,
자유

정유나 지음

북한 특수부대 참모장 딸의
가슴 절절한 탈북 이야기

킹덤북스

목 차

머리말 ——————————————— 10

내 고향 자강도를 아시나요

미리 보는 내일	16
세뇌와 눈뜸 사이	21
내 고향 자강도	27
새끼 참모장	31
스키부대와 인민배우	35
철없는 아이	38
모난 돌이 정 맞는다고?	45
딱딱한 고무 손	50

균열의 시작

강제 이사	58
니 머저리 아이야?	62
이상한 아버지	66
다시 찾아온 기회	70
뇌물 공화국	74
송승헌	79
드라마 '이브의 모든 것'	85
거짓말이지?	89
보름달을 향한 기도	94

항해자

점쟁이의 예언	102
달걀노른자	107
약속해라	111
나는 혼자가 아니었다	116
국경을 넘다	122
찢어진 청바지와 티셔츠	128
버려지다	134
조선이 어디예요?	138
여기가 천국인가	144

하나님의 시간표

또 다른 감옥	150
찾아냈다, 요놈!	154
세례	161
금가루를 뒤집어쓴 세 사람	165
타임머신	169
진짜 한국인	173
다시 만난 독재자	177
국정원에 아버지가	182
군인 월급이 어딨어	186

STEP 5
메신저, 메시지

2년 만에 벌이진 일	192
유나, 완?	197
다시 교회로	204
이제는 만나러 갑니다	209
짐 로저스의 수행비서	217
새롭게 하소서	224
하나님의 나팔수	229
신앙의 정체	235
자유, 자유, 자유	240

STEP 6
끝나지 않은 이야기

너 왜 왔어?	248
세상엔 공짜는 없다	252
배고픔의 매커니즘	256
왜 저였어요?	261
다시 걷다, 함께 걷다	266
유나의 매일 기도	270

머리말

"유나, 니 요즘 너무 바쁜 거 아니야? 쉬엄쉬엄 몸 상하지 않게 하라."

강연자, 유튜버, 바이올린·아코디언 연주와 노래, 인권운동가, 방송인 등 여러 가지 활동으로 분주하게 살아가는 나를 보고 어느 날 오빠가 건넨 말이다.

"오빠, 지금 내 걱정하는 거이니? 오빠 나 쏴버리고 싶다고 안 했니?"

내게 마음 써주는 오빠의 마음을 알면서 나는 툭툭 한 마디씩 던진다. 그럼 오빠는 요리조리 내 눈을 피하며 시치미를 뗀다. 나를 만나면 기관총으로 쏴버리겠다고 분노하던 오빠가 해외 유학을 가고 외국계 기업에서 일하며 잘 살아가는 걸 보면, 아직도 꿈을 꾸는 건가 싶다. 북한 특수부대 참모장 출신 아버지와 김정일 친위부대 출신 오빠 그리고 어머니와 나, 이렇게 우리 4식구는 조선 민주주의 인민 공화국을 떠나 대한민국으로 국적을 바꿨다.

2006년 대한민국 비행기를 타고 인천공항에 내린 한 무리의 탈북자들은 예상을 뛰어넘은 대한민국의 화려함에 얼이 빠져 있었다. 그토록 간절히 원하던 땅을 밟았지만, 낯선 체제와 낯선 장소에 잔뜩 주눅이 들었다. 오랜 시간 세뇌되고 엄포성 학습에 길들여진 나와 일행은 이제 어디로 끌려가 매서운 고문을 당하지나 않을까 두려워하고 있었다. 바로 그때 국정원에서 나온 직원 한 분이 나를 앞으로 나오라고 했다. 일행 가운데 내가 가장 어렸다. 그분은 두 팔로 살며시 나를 안았다.

"정유나 씨, 유나 씨가 북한에서 태어난 건, 유나 씨 잘못이 아닙니다. 유나 씨는 태어난 순간부터 대한민국 국민이었습니다. 유나 씨가 대한민국에 오신 걸 열렬히 환영합니다. 이제 대한민국의 국적을 회복하시고 자유롭게 사십시오."

참 이상했다. 내 귀에 들린 인사말 중 귀를 쫑긋하게 한 말은 '환영'이 아니라, '회복'이라는 단어였다. 북한 공민증 소지자였던 사람이 새로운 나라에 왔으면, 새로운 국적을 '취득'하는 것인 줄 알았다. 그런데 '회복'이라고? 나는 본래 대한민국 국민이었으며, 단지 태어난 지역이 북쪽이었을 뿐이라는 국정원 직원의 안내 코멘트가 그렇게 포근하게 들릴 수가 없었다. 그 순간 미로 속에 갇혔던 내 인생이 드디어 출구를 찾는 기분이었다. 심연에 도사리던 두려움이 자취를 감추며, 내 정체성이 제자리를 찾는 시작점이 됐다. 이제 나는 더 이상 도망자가 아니다. 진짜 내 고향으로 돌아온 당당한 이주자인 것이다.

태어난 그 순간부터 지금까지, 죽어서도 못 이룬다는 꿈을 현실이 되게 하신 분은 누구신가. 나조차 나를 다 알지 못하던 때부터, 나를 나보다 더 잘 아시는 분의 프로젝트는 그날부터 지금까지 한 치의 오차도 없이 째깍째깍 순항 중에 있다. 나를 노예의 땅에서 출애굽시키시고, 두려움이라는 홍해를 건너게 하셨으며, 약속의 땅 가나안에 입성하도록 이끄신 하나님 아버지의 은혜와 사랑에 감사의 두 손을 모은다.

이 책을 통해 북한의 잔혹하고도 비참한 현실이 더 널리 알려지기를 소망한다, 나를 포함한 탈북민들이 대한민국에 드리는 감사 기도가 되길 원한다. 덧붙여 북한 동포들을 위해 우리가 반드시 해야 할 당부를 전하고 싶다. 이 책이 나와 우리를 통해 일하시는 하나님의 인도하심을 경험하고, 우리가 마땅히 해야 할 기도의 사명을 놓지 않는 시간이 되기를 기도한다. 책이 나오기까지 애써주신 킹덤북스(Kingdom Books) 대표 윤상문 목사님과 모든 직원 분들께 감사드린다.

2025년 12월 1일
정유나

STEP 1

내 고향 자강도를
아시나요

미리 보는 내일
세뇌와 눈뜸 사이
내 고향 자강도
새끼 참모장
스키부대와 인민배우
철없는 아이
모난 돌이 정 맞는다고?
고무 손

미리 보는 내일

　사람은 누구나 눈과 귀, 입술과 손발로 세상과 소통한다. 그러나 이 자연스럽고 당연한 인간의 권리가 무자비하게 억압당하는 곳이 있다. 바로 내가 태어나고 자란 땅, 북한이다.

　성경에서 말하는 '자기를 부인한다는 것'은 신앙인이 추구해야 할 가장 근원적이고 가장 이상적인 성화의 단계라고 한다. 그러나 자신의 뜻과 경험을 뒤로 하고 절대적인 존재에게 시작과 끝을 온전히 맡긴다는 건 육신을 입은 사람으로서 도달하기 어려운 경지라 생각한다. 이처럼 사람이 평생의 터전에서 자기의 근본을 의심하고 외면한다는 건 웬만한 계기와 결단이 없으면

실행하기 어렵다.

 믿기 어렵겠지만 북한에서 이런 움직임이 일상이 된 지는 이미 오래다. 겉으로 드러났거나 감춰졌거나, 용기를 내서 박차고 나왔거나 숨죽이며 견디고 있거나, 오늘이거나 내일이거나의 차이가 있을 뿐이다.

 견고한 방파제는 얕은 파도가 찰랑거릴 때나 벽의 의미가 있을 뿐, 거대한 해일이 한번 일어나면 무용지물이다. 때에 따라 되레 걸림돌로 작용할 뿐이다. 총칼과 협박, 억압과 고문, 왜곡과 세뇌, 박탈과 위협이 힘없는 이들에게 당장은 먹히는 듯 보이나 도도한 저항의 흐름까지 바꿀 수는 없다. 그러기엔 이미 많이 늦었다.

 북한의 수뇌부들만 인정하고 싶지 않을 뿐이다. 그것을 인정하는 순간 그들도 자기의 목숨을 걸어야 하기 때문이다. 그래서 더욱 빗장을 조인다. 시뻘건 눈을 부릅뜨고 감시한다. 그러나 어쩐다? 북한의 젊은이들은 이미 대한민국에 대해 많은 사실을 인지하고 있으며, 심지어 동경한다. 달이 차면 기울 듯, 어느 순간 의심이 증폭되고 저항이 들고 일어나면 어찌 될까?

화무십일홍이다. 겨울이 지나면 막아도 미뤄도 봄이 온다. 해가 비쳐 눈이 녹는 걸 누가 막을 수 있겠으며, 절기가 바뀌고 꽃이 피는 걸 누가 덮을 수 있겠는가. 시간은 단 한 번도 더디 오거나 오류가 생긴 적이 없다. 한민족은 강단 있는 사람들이다. 누구든 막다른 구석으로 몰리게 되면, 어떤 무력도 그들을 이길 수 없다. 흐름을 인위적으로 거스를 수 없는 게 세상 이치다.

빠르게 진행되든 더디게 흘러가든, 만날 사람은 언젠가 반드시 만난다. 간절히 기다리는 것은 기어이 오고야 만다. 지구 저 깊은 아래 펄펄 끓고 있는 용암 바다도 가스가 차오르면 반드시 뻥 하고 터지듯, 북한 체제의 종말은 기필코 오고야 말 것이다. 강하고 담대한 우리 한민족의 역동성은 영원히 잠들지 않으리라 믿는다.

세찬 폭풍이 지나갈 때 허약한 가지는 꺾이고 얕은 뿌리는 뽑힌다. 세상이 진화하고 세대가 달라지는 그 변화를 어찌 막을 수 있을까. 모두가 시인한 것을 소수가 어찌 부인할 것인가. 물은 위에서 아래로 떨어지고, 무거운 것은 추락하게 돼 있다. 가벼운 것은 날아가고 약한 것은 깨지게 돼 있다. 북한의 힘없는 인민들도 이제 깨어나고 있으며, 그 깨어남의 시기가 다가오고 있다. 그때가 되면 아무도, 무엇도 그들 앞에 방패를 세울 수 없으리라.

거짓말, 헛소리 하지 말라고? 못 믿겠으니 증거를 대보라고? 내가 바로 그 증거다. 내가 달걀을 깨고 나온 확실한 실체다. 내가 이곳에 살아있음이 대체 불가한 명백한 증거다. 그러므로 다 깨지고 다 망가지고 다 무너지는 대가를 치르지 않으려면, 북한도 변화를 인정해야 한다. 미련한 거짓과 억압으로 틀어막으려만 하지 말고, 조금씩이라도 변화해야 한다. 그리고 우리는 그 변화를 향한 불쏘시개 역할을 감당하며 살아야 한다. 언제든 변화의 기폭제가 눌리는 그 날에 당황하지 않도록, 미리 대비하고 기대하며 기도해야 한다. 그 일은 꼭 일어나며, 그날은 반드시 도래할 것이다.

세뇌와 눈뜸 사이

열여덟 살, 나는 김정숙 교원대학 음악과에 진학했다. 김씨 일가의 이름이 붙여진 대학에 진학했다는 기쁨은 나를 설레게 했고, 앞으로의 희망찬 미래를 그려보게 했다. 하지만 기대를 안고 진학한 나의 기쁨은 그리 오래 가지 못했다. 내가 음악을 정말 좋아하고 사랑해서 음악과에 진학을 한 건 맞지만, 음악인으로서 내가 하고 싶은 음악을 하는 곳이 아니었다. 대학 졸업 후 멋지고 영향력 있는 교원(교사)이 되어야겠다는 포부도 있었지만, 그러한 바람과 기대는 점점 흐릿해졌다. 자유롭게 내 생각을 표현한 창작을 할 수 없었고, 내가 하고 싶은 노래를 연주할 수도 없었다. 나는 단지 체제가 정해준 '경로'를 따라야 했고, 아무런 의심도 하지 않은 채 물살을 따라 흘러가다 그곳에 정박한 것만 같았다.

 북한에서의 교육은 지식을 전달하는 수단이 아니었다. 그것은 하나의 강력한 무기이자, 인민 전체를 통제하고 길들이는 체제 유지의 도구였다. 교육은 아이들에게 지식이나 비판적 사고를 심어주는 것이 아니라, 오직 최고 지도자에게 절대적인 충성을 심어주는 훈련 기관이었다. 마치 공장에서 제품을 찍어내듯, 학교는 학생들을 '혁명의 전사'로 길러내는 주입식 세뇌소였고, 그 세뇌의 정점에는 '김정숙교원대학' 같은 기관이 있었다. 바로 그곳에 내가 입학한 것이다.

 내가 그 대학에 진학할 수 있었던 이유는 결코 내 실력이나 노력 때문만은 아니었다. 내 출신 계급이 특권층에 가까웠기 때문이다. 북한에서는 학교 졸업과 동시에 곧바로 대학에 들어가는 사람들은 극소수다. 정확한 통계는 아니지만, 전체의 약 3~5% 정도만 대학에 진학하고, 나머지는 무조건 10년간 장기 군복무를 마쳐야 한다. 단지 북한에서 태어났다는 이유만으로 말이다.

 북한 사회에서 대학 진학은 철저히 정치적 기준에 따라 결정된다. 아무리 똑똑하고 성실하며 공부를 잘하는 학생이라 해도, '성분'이 나쁘면 배제되기 일쑤다. 반대로 나처럼 이른바 '충성된 가문'의 자녀들은 대학 진학 경쟁에서도 유리했다. 나 같은 출신성분은 경제적인 힘을 이용해서 걸림돌을 제거하여 입학을 수월하게 할 수가 있었다. 한 예로 내가 김정숙교원대학 입학 당시 미화로 만 달러만 주면, 김일성종합대학교를 수월하게 들어갈 수 있었다. 한마디로 돈이면 다 되는 세상이었다. 물론 입학 당사자가 공부를 못하면, 아무리 부모가 뇌물을 써도 진학이 불가능하다. 부모의 돈이 대학 진학의 발판이 되는 곳이 북한 사회인 것이다. 하지만 돈이 없고 권력이 없는 집안의 자녀들은 아무리 공부를 잘해도 대학 진학의 관문에서 밀리게 된다. 그

것이 북한 교육 시스템의 실상이다.

북한의 전체 고등학교 졸업생 중 대학에 곧바로 진학하는 비율은 5퍼센트를 넘지 않는다. 대부분 군복무를 하다가 대학 추천을 받고 오기 때문에, 학교를 졸업하고 바로 대학에 오는 직통생(북한에서 통용되는 용어)들은 정말 극소수였다. 나머지 대다수는 군대에 징집되거나 탄광, 공장, 농촌 등으로 강제 배치돼 노동에 투입된다. 그들은 꿈을 꿀 자유조차 박탈당하고, 체제가 정한 길 이외의 가능성은 철저히 배제된다. 결국 북한에서 개인의 미래는 자신의 능력이나 의지보다는 출신 계급과 정치적 배경이라는 태생적 굴레에 의해 결정되는 것이다.

대학 교육을 받으면서 나는 더욱 뚜렷하게 깨달았다. 내가 받아온 모든 학습이 단순한 학문 탐구가 아니라, 철저히 계획된 세뇌 과정이었다는 사실을. 문학 수업 시간에는 김씨 일가와 관련된 주체 철학이나 김일성 일대기와 관련된 인문학을 공부한다. 특히 김일성의 덕성과 위대한 행적을 기록한 김일성 자서전 『세기와 더불어』를 외우다시피 읽었고, 김정일의 천재성을 찬양하는 도서들을 해석하는 것이 주요 공부이자 과제였다. 심지어 음악 수업조차도 '장군님을 찬양하는 노래'만을 반복해서 부르게 했을 뿐, 다양성과 창의적 예술성은 발휘될 기회조차 없었다.

동토의 나라, 한반도 중에서도 제일 추운 지역이 함경북도 회령시다. 발목까지 눈이 덮이던 2006년 한겨울, '남 부러울 것이 없어 보였던' 나는 겁도 없이 조국과 가족을 버리고 탈북의 기차에 올랐다.

수백 년의 고목이 썩어 쓰러지는 건 작은 틈과 생채기 하나에서 시작된다던가. 생사를 걸어야 하는 그 엄청난 탈출의 기폭제는 우연히 시청한 드라마 한 편 때문이었다. 아니, 이제는 덕분이라고 해야 할까. 눈썹이 진한 남자 배우 한 사람의 고즈넉한 눈빛은 자신이 알 속에 갇혀있는 것도 모른 채 훨훨 날고 있는 줄 알던 북조선 계집애의 머리를 모두 헝클어 놓았다. 철석같이 믿어왔던 모든 정답에 한 모라기 의심이 일어나기 시작하니, 한순간도 더는 거기에 머물 수 없었다. 알을 깬다는 건 그런 것이다. 아니, 알이 깨진다는 건 바로 그런 것이다. 겨우 19살이었던 나는 처음으로 무거운 비밀을 가슴에 숨긴 채 아무것도 장담할 수 없는 시간 속으로 나를 던져버렸다.

내 고향 자강도

 자강도! 내가 태를 묻은 곳, 나의 고향이다. 첩첩산중인데다 산과 계곡은 온통 화강암 지대다. 그런 지형과 산세로 인해 자강도는 특수부대가 훈련하기에 더없이 좋은 곳이었다. 김일성은 그곳에 비밀 스키 경보여단을 만들었다.

 김일성이 정권을 잡은 후 남북한이 거의 동시에 정부 출범을 한 것이 1948년도였는데, 그때 평안북도에 큰 변화가 있었다. 정부 출범 때 김일성은 통일 방안 중 3대 방안을 생각했는데, 그중 하나가 '고려연방제'였다. 고려연방제를 시작하려면 남북한이 똑같이 투표를 해야 했다. 그런데 당시 한반도 8개 도를 합친 유권자

수가 똑같지 않다는 게 문제였다. 북한을 남한과 똑같은 숫자로 맞춰 놓아야만 투표에서 더 유리했다. 강원도를 포함해 북한이 6개 도였기에, 선거를 위해서는 새로운 도를 2개 더 만들어야 했다. 그래서 황해도를 남북도로 가르고, 평안북도의 3분의 1을 떼어 '자강도'를 새로 만들었다. 함경남북도에서 떼어 만든 '양강도'까지 합해 지금의 9도가 된 것이다.

친할아버지는 북한의 농산물 가공을 전문으로 하는 곡산 공장, 그중에서도 기호식품을 만드는 담배 공장에서 당 간부를 지냈다. 당 간부 집안에서 태어난 아버지는 특수부대가 있는 '자강도'로 군사 복무를 하러 오게 됐다. 사실 원래 아버지의 군 복무지는 그곳이 아니었다. 결과적으로 아버지는 낙하산처럼 그곳 특수부대에 장교로 내려오신 셈이다.

어머니 쪽은 대대로 평안도 집안이었다. 외할아버지는 김 씨 일가에 대한 충성심이 남달랐던 지식인이었다. 일제 강점기 때부터 대대손손 교육자 집안이었다. 당시 6·25 전란 후 복구를 하던 시절이라, 오지 분교로 갈 선생이 필요한데 누구도 선뜻 가려 하지 않았다. 그런데 우리 외할아버지는 사명감이 투철한 것 같다.

"그러면 내가 가자, 나는 이제 자강도에 있는 시골 학교 교장으로 사는 거다."

외할아버지는 그렇게 자강도에 내려오셨고, 자강도는 자연스럽게 어머니의 고향이 되었다. 그리고 거기서 아버지와 어머니 두 분의 운명적인 만남이 시작됐다.

자강도에서 군 생활을 하시던 아버지 눈에 어머니가 들어와 잊히지 않았다고 한다. 어머니는 그때 '체신소'라고 하는 우체국 교환소에서 교환수로 계셨다. 어머니를 마음에 둔 아버지는 2년을 쫓아다니면서 어렵게 결혼하셨고, 오빠와 나 두 남매를 낳으셨다. 더분에 자강도는 내 유년 시절의 추억이 고스란히 밴 고향이기도 했다.

어머니의 젊었을 때 사진을 보면 아버지가 왜 2년 동안 쫓아다녔는지 알 것 같다. 내가 보기에도 어머니는 예뻤다. 그런데 아버지는 거꾸로 말씀하신다.

"엄마가 아빠를 2년 동안 쫓아다녔는데, 가만히 보니까 내가 이 여자하고 안 살아주면 살아줄 남자가 없겠더라. 그래서 데리고 살아줬다."

워낙 아빠가 장난기 어린 말씀도 잘하시기에, 우리는 그냥 웃고 만다.

새끼 참모장

어릴 적 내 별명은 '새끼 참모장'이었다. 아버지가 특수부대 참모장이다 보니, 군인 마을 안에 있는 군인 사택에 살던 나는 세상이 모두 군부대 같은 줄 알았다. 아기 때부터 학교 가기 전까지 내가 본 세상은 그 특수부대가 전부였다. 김 부자 생일이나 조선인민군 창건일 같을 땐, 특수부대들의 훈련이 더 강도 높게 이어졌다. 꽁꽁 언 물속에 뛰어들거나 유리병을 손으로 자르기도 하고, 이마로 벽돌을 깨는 건 흔한 풍경이었다.

그런 탓에 어릴 때부터 누가 나더러 격술을 해보라고 하면, 가라데 연습한 걸 보여주거나 대못을 가져다 주먹과 손바닥으로 박는 차력 쇼를 흉내내곤 했다. 이

자애인데도 불구하고 군인들의 능력을 부러워해서 곧잘 따라한 것이다. 내 발로 사방팔방 걸어 다닐 수 있을 때부터 나는 아버지의 권총 사격을 코앞에서 지켜봤다. 5살이 되던 해엔 아버지의 감시 아래 직접 권총을 손에 쥐고 쏴 보기도 했다. 내 유년 시절은 분명 평범하지는 않았다.

그중에서도 5살 때 본 쌍안경(망원경)이 가장 신기했다. 좀 전까지 분명히 저 멀리에 있던 사람들이었는데 두 눈에 쌍안경을 대자마자 순식간에 내 눈앞에 나타났다. 나는 흥분해서 "떼따(대따)봤다. 떼따(대따)봤다" 소리를 질렀다. 그러면 아버지는 이렇게 말씀하셨다.

"우리 유나도 이렇게 멀리 앞을 내다볼 수 있는 지혜로운 아이가 돼야 해."

아버지의 말씀은 무엇을 하든 앞날을 미리 예측하

고 대처하는 사람이 되라는 당부였을 텐데, 아버지 말마따나 나는 홀랑 탈북을 해버렸다. 어쩌면 내 탈북의 근원에는 아버지가 내게 새겨주신 염원과 기질도 한몫 단단히 한 셈이다.

나는 꽁지머리를 촐랑이며 아빠의 군부대에 거의 매일 놀러 갔다. 아버지는 내가 부대에 올라오면 늘 목마를 태우고 다녔다. 그럼 아버지 머리 위에서 나도 같이 참모장 동지 경례를 받곤 했다. 항상 아버지가 옆에 있으니 겁나는 게 없었던 나는 평소에도 어른들 눈을 똑바로 바라보면서 호통을 쳤다.

"너 경례 똑바로 하라!"

참모장은 아버지인데 마치 내가 참모장인 줄 알았던 거다. 그렇게 철없던 나는 어릴 때부터 교만이 몸에 뱄다. 어느 날이었다. 아버지를 찾아 혼자 걸어가는데, 한 무리의 군인들이 나를 불렀다.

새끼 참모장

"아이고, 족제비 참모장 동지 오셨습니까?"

이러면서 내게 경례를 했다. 그런 일이 여러 번이다 보니, 그날은 어린 마음에도 나를 놀리는 것 같아 웃을 수가 없었다. 나는 그길로 쪼르르 아버지께 달려가 누가 나를 족제비 참모장이라고 놀려주더라고 그대로 고해바쳤다. 아버지는 뭔가 감을 잡으셨는지, 군인들의 인상착의를 물으셨다. 난 호기심도 많았지만 기억력도 좋아서 나를 불렀던 군인의 용모를 정확히 알려드렸다. 한참 놀다 집으로 내려갈 때 보니, 그 군인은 아버지께 혼이 나고 있었다.

스키부대와 인민배우

1988년, 나는 산밖에 없는 자강도 전천에서 태어났다. 내가 태어날 당시 아버지는 북한 최정예 특수부대인 스키부대 대대 중대장이었다. 스키부대는 특성상 비밀 유출 방지의 특수 훈련을 위해 산간 오지에 주둔한다. 군부대 주둔지엔 동갑내기도 없어서 두세 살 나이 많은 오빠들과 울창한 산을 오르내리며 쏘다녔다. 봄여름이면 계곡과 폭포수에서 수영을 하고 가재를 잡았고, 겨울엔 허리까지 차도록 내린 눈을 헤치고 학교에 갔다.

내 어린 시절의 상당 부분은 온통 산과 관련된 것뿐이다. 자강도 뒷산은 유년 시절의 내 보물 창고였다.

그곳에 가면 오미자 넝쿨, 머루 넝쿨, 달래, 산딸기, 개암, 두릅나물들이 빽빽하게 열려 있었다. 북한에서 김치를 담글 때 어머니는 생강 대신 오미자 줄기를 잘라 껍질을 벗겨 넣었는데, 그 맛이 기가 막혔다. 특히 엄마가 여름에 만들어 주셨던 오이냉국, 갓김치, 버섯 김치 등의 맛을 아직도 잊을 수가 없다.

아버지의 진급 속도는 굉장히 빠르셨다. 대대 참모장이 되셨을 때다. 그곳이 비밀 특수부대이다 보니, 한 달에 두 번 정도 보급품이 들어온다. 통조림, 임연수, 조미료, 고등어, 소고기, 돼지고기, 과자, 견과류, 말린 조갯살, 게살 같은 게 마대 자루나 포대 자루에 담겨 트럭째 들어왔다. 그러면 참모장이었던 아버지 덕에 우리 집은 잔칫날이 되곤 했다. 그뿐인가, 철마다 간부들과 그 아내들에게는 양장 천과 양복천이 선물로 많이 내려왔다.

어느 날 김정일이 아버지가 근무하시는 부대에 현

지 지도를 나왔다. 두 번째 현지 지도가 있었을 때, 나는 초등학교 3학년이었다. 그때까지만 해도 북한 스키부대에서는 물푸레나무를 깎아 만든 나무 스키를 많이 탔는데, 그때 김정일이 플라스틱으로 만든 노르웨이산 스키를 2만 개나 가지고 왔다. 워낙 많은 양이다 보니 아이들까지 모두 보급해줘서 그때서부터 나도 스키를 탔다.

나는 어릴 때부터 끼가 많았다. 공부도 학급에서 나름 상위권에 있을 정도로 잘했고, 노래나 시 낭송 대회가 열리면 늘 독창과 시 낭송을 독차지했다. 담임 선생님은 그런 내게 늘 말씀하셨다.

"유나는 커서 인민배우가 돼야 한다."

철없는 아이

    8살이 될 때까지 군인 간부의 딸이었던 나는 북한의 상류층으로 살았다. 천혜의 자연환경에서 출신 성분 좋은 고위 간부의 가정이니, 국가 차원의 비상사태가 생기지 않는 한 꽤나 풍족한 삶을 누릴 수 있었다. 물론 아버지를 잘 둔 덕에 가능한 넉넉함이었으나, 사실 북한의 풍족함이라는 건 남한에 견줄 바가 아니다. 적화통일을 최우선으로 삼았던 북한이기에, 아버지 같은 당 간부 군인에 대한 처우는 상대적으로 좋은 편이었다. 그렇다고 남한처럼 생활하기에 넉넉한 월급을 받는다거나 하는 건 없었다. 군인은 명예가 다였다.

    그 외 일반 주민들과 간부가 아닌 군인들의 삶은 거

의 비슷했다. 특히 북한의 군인은 한 번 입대하면 십여 년을 복무하는데, 우리가 생각하는 군대 훈련이라기보다는 군복무 기간에 자신들이 먹을 식량을 재배하고 겨우 풀칠하는 수준에 지나지 않았다. 하루 세끼를 큰 걱정 없이 먹을 수 있으면 살 만한 거였다. 그러나 바깥세상을 전혀 모르던 나는 모든 세상이 우리 집처럼 끼니 걱정 없이 돌아가는 줄 알았다. 그래서 툭하면 어머니에게 투정을 부렸다.

"왜 닭알지짐(계란후라이)을 안 해주는 거야?"

그럴 때면 아버지가 정색을 하고 나를 불러서 혼을 내곤 하셨다.

"부대 바깥 아이들은 하루 한 끼도 못 먹는데, 밥이라도 굶지 않고 먹는 걸 고마워해야지."

인민학교에 입학해 처음 등교하러 집을 나설 때였

다. 아버지가 나를 불러 세우며 말씀하셨다.

"유나야! 학교에 가면 하루 3끼 밥을 먹는다고 얘기하지 말라. 또 소고기, 돼지고기를 때때로 먹는다는 얘기도 하지 말고. 정어리나 임연수 통조림을 먹기 싫어서 안 먹는다는 소리는 절대 하지 말라."

입이 까다롭던 나는 먹을 게 하도 흔하니, 통조림 따위는 먹기 싫다며 입을 닫았다. 평소에도 나는 달걀프라이가 없으면 밥을 안 먹을 정도였다. 그러나 밖에서는 달걀 하나도 귀하니, 아버지는 내 언행으로 인해 친구들 사이에 위화감이 생길까 봐 걱정되셨던 거다. 북한에서 감히 소고기를 먹는다는 건 상상도 못 할 일이었다. 지금은 북한도 소고기를 간혹 먹을 수 있다고 한다. 하지만 고난의 행군 시기였던 그때는 소들이 나라에 등록된 공식 재산이었다. 밭을 갈거나 농기계를 다룰 때 사용되고, 유사시에 전쟁 물자로 분리되어 있었다. 전쟁이 나서 도로가 파괴되었을 때, 소나 말을 이용해 보급품을 나르게 된다고 했다. 그러다 보니 소를 잡아먹으면 나라 재산을 탕진한 것이라 해서, 심할 경우 공개 처형도 서슴지 않던 북한 정권이었다. 그래서 어머니는 도시락을 쌀 때도 입쌀만 넣지 않고 일부러 혼합미를 싸주셨다. 집 반찬과는 달리 도시락 반찬은 여느 집과 비슷하게 하려고 노력하셨다. 철없던 나는 그 속뜻도 모르고 맛있는 반찬이 없으면 그대로 남겨서 왔다.

나는 아버지가 나를 혼내며 하시는 말씀이 내 밥투정 고치려는 거짓말인 줄 알았다. 학교에 가서 나는 처음으로 북한 사회의 계층 간 차이를 목도하게 됐다.

내가 인민학교에 들어가던 때는 북한에서 고난의 행군이 한창이던 시기였다. 우리 군부대 마을 아이들은 인근 농촌 마을 아이들과 같은 학교에 다녔다. 그때 구멍 난 신발을 신은 아이, 옷차림이 매우 초라한 아이, 가방이 없어 아무 천이나 박음질해서 책보자기를 메고 온 아이들을 보고 적잖이 충격을 받았다. 어느 날 우리 반 동무 중에 두 명이 굶어 죽었다는 소식이 들렸다. 그중 남자애는 배가 고파서 쑥을 데쳐서 2~3일은 물에 담갔다가 독을 빼고 먹어야 하는데 너무 배가 고파 아마도 독을 채 안뺀 걸 버무려 먹은 것 같다. 그 독으로 인해 그 아이는 끝내 목숨을 잃었다. 마지막으로 그 동무를 본 건 학교 가는 길에서였는데, 쑥 독이 올라 온몸이 눈사람처럼 부어 눈이 딱 붙어 있을 정도였다. 어언 30년의 세월이 지났으나, 어린 시절 그 동무의 마지막 모습이 지금도 잊히지 않는다.

어느 날인가, 잠결에 나는 어머니와 아버지가 밤에 조용히 나누는 대화를 들었다.

"여보, 이러다가 우리도 배급이 끊기는 거 아닙니까? 그럼 나도 산에 가서 길짱구(질경이)를 캐야 하는데, 명색이 참모장 아내이고 직맹위원장이니 달밤에 몰래 나가야겠지요?"

다행히 어머니는 끼니를 위해 풀을 뜯으러 나가는 일은 없었다. 그렇지만 어머니는 군인 가족으로 사시면서 부대에서 키우는 돼지나 동물들 때문에 매일 마대 자루에 돼지풀을 베어 나르셨고, 부대에서 추진하는 여러 가지 부업에 동원되는 등 군관의 아내로서 힘든 삶을 살아오셨다. 나를 임신해서 9개월 막달이 찰 때까지 어머니는 돼지풀을 뜯어 머리에 이고 다니셨다고 한다.

그런데 이게 웬일인가. 가난이라는 실체를 조금씩 알게 된 나는 내 삶을 보며 감사하는 게 아니라, 어이없게도 더욱 거만한 아이가 돼버렸다. 못된 척도 많이 하고, 친구들이 부러워하는 옷을 입고 뽐내며 아이들 앞에서 잘난 체를 하고 놀았다. 그래도 다행히 내가 속 성품까지 나쁜 아이는 아니었던지, 몽당연필을 쥐고 있는 아이들이 보이면, 내 필통 속에 있는 새 연필들을 척척 나눠줬다. 학교에 갔다 오면 아버지가 필통을 열어보곤 하셨는데, 거의 매번 필통에 연필이 없었다.

"너 이거 다 어디 갔니?"

"어, 음, 애들이 못 살아서 주고 왔씨요."

아버지는 딱히 혼내시기보다는 연필을 계속 채워주셨다. 그러나 그런 일이 자꾸 반복되니, 한 말씀 하셨다.

"유나야, 엄마와 아버지도 애들에게 나눠주는 것은 좋아. 그런데 그런 일들이 자주 있으면 안 좋은 소문이 날까 봐 좀 곤란하다."

그때부터는 진짜 친한 친구들한테만 연필과 공책을 나눠주었다.

모난 돌이 정 맞는다고?

어릴 적 내 가정 환경은 다복함과 특수부대의 강인한 전투력이 혼재해 있었다. 어릴 때부터 물건이든 기회든 원하는 걸 놓쳐본 적이 거의 없었다. 엄격한 아버지였지만 딸 하나밖에 없으니 웬만하면 내가 바라는 건 다 들어주시려고 하셨다. 그 덕에 무엇이든 과감하게 도전할 수 있는 자신감과 강인함이 몸에 뱄다.

그런데 모난 정이 돌 맞는다고, 그런 내 기질을 어머니나 아버지는 물론 나조차도 걱정을 했다. 내가 너무 직설적이고 주관이 뚜렷하다 보니, 어디로 튈지 모르는 탁구공 같았다. 그런 내게 어머니는 항상 이렇게 부탁하셨다.

"유나야! 밖에 나가면 제발 자루를 찢고 나오는 날선 가시가 되지 말라. 우리 유나는 너무 뾰족해서 엄마가 걱정돼. 너는 항상 세 치 혀를 조심해야 해 낮말은 새가 듣고, 밤말은 쥐가 듣는 거 너도 알지? 짧은 혓바닥 잘못 놀렸다간 모가지 날아가는 거 한순간이야."

얼마나 잔소리를 들었던지, 귀에 딱지가 앉을 정도였다.

"우리 유나는 길바닥에 튀어나와 있는 돌 같은 데가 있어. 그러다 보면 오고 가는 발길에 다 차여. 똑똑하고 지혜로운 건 좋다만, 부디 뾰족한 지혜는 가지지 말라. 엄마는 항상 그게 염려돼야."

부모님의 예지력이 발동하셨던 걸까. 그 우려가 결과적으론 현실이 돼 버렸으니 말이다. 나는 어릴 때부터 자주적인 생각이 강했고, 또 궁금하면 참지 못했다. 어릴 때 만화책을 많이 읽었다. 만화책을 너무 많이 보니까 바깥세상에 대한 호기심도 많이 생겼다. 집에 지구본이 있었는데 특히 아빠한테 질문을 많이 했다.

"아빠, 우리 자강도에서 계속 땅을 파다 보면 어디가 나오나요?"

아버지가 생각할 틈도 주지 않고 지구본을 짚어가며 또 물었다.

"그럼, 여기 이거, 지금 바다 말고 땅으로 다 나와 있는 건 우리가 다 갈 수 있는 곳인데, 그러면 어떻게 갈 수 있어요?"

"뭐, 외교관들은 가니까…."

"아버지! 나도 크면 외국에 보내달라요! 외국에 보내달라요!"

딸 바보 아버지는 한 시도 나를 떼어 놓을 수 없다며 나를 말리셨다.

"절대 그렇게 못 해! 너는 딱 내 그늘 안에 있을 거야!"

그럼 나는 단박에 울고불고 했다.

"나 좀 해외 나갔다 오게 해 달라요!"

학교 세계 지리 시간에 외국에 대해 하나를 배워오면 또 아버지를 붙들고 졸랐다.

"타이에 가면 이렇게 야자나무가 있대요. 나 저 야자나무 너무 눈으로 보고 싶어요. 저 나무에 야자가 달리는데 그걸 따서 먹으면 그 물을 마실 수도 있고…. 야, 나도 저기 가고 싶다."

지금 내게 주어진 건 너무 당연한 내 소유였고, 아직 손에 닿지 않는 건 모두 해보고 싶었다. 하늘에 비행기가 지나가면, 나도 이미 마음으로는 비행기를 타고 가는 아이였다.

딱딱한 고무 손

 공부를 잘했던 나는 인민학교를 졸업한 뒤 수재들만 간다는 강계장자산제1고등중학교에 입학했다. 같은 자강도이지만 도시에 학교가 있으니, 군부대 외에 색다른 풍경을 보는 게 나름 재미가 있었다. 길을 걷다 보면 곳곳에 커다란 벽보들이 눈에 들어왔다. "자강도는 고난의 행군 시기에 나에게 제2의 고향이 되어준 곳입니다"라고 했다는 김정일의 말이 무슨 현자의 어록이라도 되는 듯 걸려 있었다. 또 '강계 정신'이라 쓴 빨간 간판도 눈에 띄었다.

 그러나 나는 이 중학교를 졸업할 수 없었다. 아버지가 한쪽 손을 잃는 사건이 일어났기 때문이다. 강계에서 생활을 하던 나는 방학 때마다 집에 왔다. 겨울 방학 때 집에 오면 아버지는 월동 훈련을 나가셨다. 그래서 그 기간엔 아버지 얼굴을 많이 보지 못했다. 어느 해였던가. 월동 훈련을 나가신 아버지가 집에 돌아오지 않으셨다. 다른 군관들은 다 돌아왔는데 아버지만 안 돌아오시니, 상당히 걱정이 됐다. 부대에 가서 확인을 하고 오신 어머니는 아무 말도 안 하시고 계속 울기만 하셨다. 나는 왠지 두려운 마음에 아무것도 묻지 못하고 속으로만 걱정을 했다.

'아… 우리 아버지가 뭔가 단단히 잘못됐구나.'

1997년, 여단 참모장(대좌) 직책으로 동계 훈련에 나갔던 아버지가 스키에 왼쪽 손을 다쳤는데, 엄지손가락을 뺀 나머지 손가락들을 모두 절단해야 하는 동상 사고였다. 아버지가 안 계시는 몇 개월 동안 나는 굉장히 우울했다. 거의 일 년이 다 돼서야 아버지가 돌아오신다는 소식을 받았다. 오빠, 나, 엄마 우리 셋은 아버지가 오시는 길인 부대의 동구 밖 가장 높은 언덕에 올라갔다. 그곳에서 아래를 내려다보면 꼬불꼬불한 길이 쭉 보인다. 거기서 우리는 아버지를 기다렸다. 아버지가 차를 타지 않고 굳이 걸어 들어오시겠다고 얘기하셨기 때문이다. 4킬로미터 정도 구간이었다. 저 멀리 아버지의 모습이 보이는 것 같았다. 아버지를 마중하러 우리도 언덕을 내려가 막 뛰어갔다.

언제나처럼 아버지에게 얼싸 안기려고 하는데, 아버지가 내 팔보다 빨리 손을 죽 내미셨다.

"유나야, 아빠 손 한번 잡아보라!"

아무 생각 없이 아버지의 손을 딱 잡았는데, 촉감이 이상했다. 평소 아빠 손 같지 않고 너무나도 딱딱했다. 의수였다. 알고 보니 아빠는 훈련에 가셨다가 신입 병사에게 장갑을 주시고, 스키 날에 손이 상하신 채로 동상에 걸려 왼손이 모두 망가진 것이다. 군 병원에서 몇 개월이 넘도록 입원하고 계시다가 치료를 모두 마치고 이제야 오신 거였다.

 아버지 손을 자세히 봤는데 단단한 고무였다. 그것도 손이랍시고 손금이랑 손톱 등을 그려놓기는 했는데, 너무나 조악하고 어색했다. 나는 아버지의 낯선 손을 잡자마자, 깜짝 놀란 나머지 땅바닥에 푹 주저앉았다. 뒤를 돌아보니 어머니가 훌쩍훌쩍 눈물을 훔치고 계셨다.

 '아, 우리 아버지가 이젠 한 손이 없으시네. 그럼 이제 우리 아버지는 더 이상 군인이 될 수 없겠구나.'

 당시 아버지가 여단 참모장을 하실 때였는데, 이제 그걸 못하게 된다고 생각하니 하늘이 무너지는 것 같았다.

 '와, 난 이제 어떻게 살지? 힘 있는 아비지가 있어서

딱딱한 고무 손

내가 있었는데, 아버지가 이렇게 되셨으니 학교에 가도 이제 난 아무것도 아니겠군.'

 북한에서는 아버지가 참모장이면 나도 참모장이었다. 아버지가 핵심 계급이면 나도 핵심 계급이었다. 그러니 아버지가 아무것도 아닌 게 돼버리면, 나도 아무것도 아닌 게 돼버리는 거다. 딱딱하며 어색하기 그지없는 아버지의 낯선 손을 잡고 집에 돌아오는 동안, 나는 몹시 두려웠고 절망감에 사로잡혔다. 그날을 떠올리면 지금도 가슴에 살얼음이 끼는 것만 같다.

빛은 어둠 속에서 더 선명하게 드러난다

하나님은 여전히 역사하시고 살아계신다.

하나님의 인도하심은 극한의 위기 속에서도 역사하신다.

하나님의 인도하심을 신뢰하자.

하나님은 위기 속에서 우리의 피난처가 되신다.

하나님은 언제나 우리를 인도하신다.

하나님의 선택은 세상의 기준과 다르다.

STEP 2

균열의 시작

강제 이사
너 머저리 아이야?
이상한 아버지
다시 찾아온 기회
뇌물 공화국
송승헌
드라마 '이브의 모든 것'
거짓말이지?
보름달을 향한 기도

강제 이사

아버지의 사고로 인해 나와 우리 가족은 원하지 않은 이사를 할 수밖에 없었다. 비록 아버지의 한쪽 손이 의수였지만 그래도 1년 정도는 아버지가 계속 현역이라 자강도에 살 수 있었다. 손은 불편하셨지만, 아버지는 1호 방침(김 부자의 말씀)을 받은 분이었다. 북한에서 1호 방침을 받았다는 것은 그 충성심과 실력을 검증받은 사람들이기에, 앞길을 보장해줘야 했다. 무력이 가장 우선시되는 북한에서 1호 방침은 소위 신의 은총을 입은 사람인 거다. 김 부자를 신격화하기 위해서는 김 부자의 방침을 받았다거나, 접견한 사람들의 앞길이 잘 돼야만 한다. 그래야 일반 사람들이 나도 저런 사람이 되고 싶다고 생각하며 자연스럽게 김 부자를 신격화할 수 있기 때문이다.

  그렇게 1년 정도가 지났을까. 아버지는 스스로 제대 명령을 요청했다. 손이 온전하지 못하니 그 상태로 군 복무를 하는 것이 아버지로선 자존심이 허락하지 않으셨고, 무엇보다 부대에 피해를 준다고 생각하셨던 것 같다. 결국 제대 요청이 받아들여졌고, 후임으로 오는 참모장에게 우리가 살던 사택을 내줘야 했다. 그래서 우리는 아버지 고향으로 가기로 했다. 지금 와서 생각하면, 결과적으로 우리 아버지가 손을 다친 게 너무나도 행운이었다. 더 높고 책임 있는 자리로 가지 않았던 탓에, 운신하기가 더 자유로워졌으니 말이다.

  지금도 간혹 한국 뉴스에서 김정은이 어딘가에서 현지 지도하는 장면이 나오면, 아버지는 주변 인물들을 꽤 많이 알아보신다.

  "어, 쟤는 00이구나. 쟤 내 밑에 있던 애인데, 저기에 있네."

그럼 나는 조심스레 아버지 얼굴을 살핀다.

"아빠, 한국에 온 게 후회되세요?"

"무슨 소리! 아니지. 한 살이라도 더 젊을 때 못 온 게 그저 한스럽다."

그 정도로 북한에서 아버지는 안정된 미래가 확실히 정해져 있었다. 그런데 뜻밖의 사고가 났으니, 당시엔 아버지도 하늘이 무너진 줄 아셨고, 우리 온 가족도 다 그렇게 생각했다. 아버지가 제대 명령을 받자 우리 가족은 아버지 고향인 함경북도 회령시로 갔다. 처음에 나는 정말 가기 싫었다. 태어나서부터 계속 자강도에서만 있었고, 평양이라는 곳의 중요성에 너무 세뇌가 돼있다 보니, 평양에서 멀리 떨어져 있는 함경도로 가는 게 왠지 신분이 낮아지는 것 같았다. 그곳은 사람들이 미개하고 제대로 된 교육도 없고 사투리도 못 알아 들을 것 같았다. 아니 무지막지한 사람들이 사는 곳이라고 생각했다. 왜냐하면 북한에서는 계속 국경에 있는 사람들이 장군님 1호 전화선을 끊어서 팔아먹고, 아편을 팔고, 국가 재물을 남조선에 빼돌린다는 소문을 들으며 자랐기 때문이다. 그래서 막 울고불고 안 가겠다고 했다.

우리 어머니도 자강도에 미련이 남아 버텨보려고 했지만, 남존여비 사상이 뼛속 깊이 박혀 있는 북한에서는 세대주의 결정에 굴복할 수밖에 없었다. 결국 1999년도에 우리 가족은 3개월에 걸쳐 이사를 완료했다. 그러나 나는 나름 좋은 학교인 강계장자산제1고등중학교에 다니고 있었기 때문에 기숙사에 조금 더 머물다가 2000년도에서야 회령으로 들어갔다. 짐을 가득 실은 커다란 나무 지함이 몇 개나 갔는지 모르겠다. 그 정도로 물건이 집에 많았다. 아버지가 군복무를 길게 하시다 보니, 쌓아 놓은 재산도 많고 군수 물자도 많았다. 쌀만 700킬로 넘게 실어 갔다.

니 머저리 아이야?

　요란한 이삿짐과 함께 회령시로 왔으나, 도무지 그곳에 정이 들지 않았다. 제일 나를 힘들게 했던 건 사투리였다. 그곳 사투리는 정말 배우기 쉽지 않았다. 국경 도시 회령은 자강도라는 세상과 완전히 딴판이었다. 날씨도 다르고, 문화도 다르고, 또 생각도 달라보였다. 자강도에서는 볼 수 없었던 꽃제비도 많았다. 동창생들의 당과 지도자에 대한 충성심도 나와는 생판 달랐다. 솔직히 말하면, 충성심보다는 생존이 더 우선시 되는것 같아 보였다.

　그 당시 북한의 지방 사람들의 삶은 열악하기 그지없었다. 아이들은 배고픔을 이겨내기 위해 과수원에서 과일을 훔치는 위험한 행위도 서스럼없이 감행했다.

"아니, 장군님께서는 쪽잠에 쥐기밥(주먹밥)을 드시며 현지 지도를 나가시는데, 우리가 여기서 도둑질이나 하면 돼?"

그러자 아이들이 나를 한심하게 쳐다봤다.

"너 머저리 아이야? 선전부에서 나온 것 같다야. 일단 내 배가 불러야 장군님을 지키지 않겠어?"

자강도에서 사는 동안 '우리는 장군님이 기억하는 소중한 사람들'이라는 집단 최면에 걸려 있던 나는 적잖이 충격을 받았다. 그러나저러나 나는 전학 오자마자, 일약 스타가 됐다. 독특한 자강도 사투리 억양 때문이기도 했고, 아무래도 편한 밥 먹고 걱정 없이 살았으니, 할 줄 아는 게 공부밖에 없기 때문이다. 나는 반에서도 예전처럼 상위권을 놓치지 않았다. 나뿐만이 아니라

두 살 위인 오빠도 학교에서 늘 1등을 맡아 놨다. 오빠는 북한 최고의 수재들에게 수여하는 '7·15 최우등상'에 도전할 정도였다.

이 상을 받으면 무조건 김책공대 등 중앙 대학에 입학을 하는 게 자랑스러운 관행이었다. 부모님도 오빠를 김책공대에 보내고 싶었는데, 오빠는 대학에 가지 못했다. 지역마다 중앙당 5과 선발 대상을 할당해서 내려주는데, 오빠가 173cm의 준수한 용모에 출신성분도 좋았기 때문에 김정일 친위부대인 974 산하 부대에 강제로 입대할 수밖에 없었다.

오빠가 한 일은 외진 산골에 있는 김정일의 별장을 옹위하고 수리하고 지키는 일이었다. 똑똑한 수재를 그런 일을 하라고 군대에 강제 입대시키는 게 얼마나 어리석은 일인가. 북한의 수많은 인재들은 그런 식으로 역량과 재능을 낭비당하고 있다. 나는 대한민국에 와서 제일 고맙고 부러웠던 제도가 바로 수능 제도였다. 저마다 지닌 역량과 포부에 따라 진로를 선택하고, 기업과 공무원 조직에서는 인재를 적재적소에 배치하여 능률을 극대화하기 때문에, 대한민국의 자랑스러운 오늘이 있다고 생각한다. 반면에 북한에서는 당의 지시를 거역할 어떠한 힘과 명분도 없을 뿐만 아니라, 우리들에게는 자유 의지에 따라 일을 선택하는 것 자체가 아주 봉쇄돼 있었다. 지금 자유 대한민국에 사는 것이 얼마나 좋은가. 하나님께 매일 감사할 뿐이다.

이상한 아버지

나는 고등학교를 졸업하고 바로 김정숙교원대학 음악과에 입학했다. 이곳은 인민학교 교사를 양성하는 곳이다. 아버지는 내가 대학에 입학하자마자, 나를 보며 신신당부하셨다.

"날라리 같은 애들과 어울리지 말고, 남조선 드라마 같은 것은 절대로 보지 말라."

하지만 처음엔 아버지의 그 말이 이해되지 않았다. 아무에게도 말은 안 했지만, 내가 보니 아버지는 밖에 나가서 남조선 드라마를 많이 본 것 같았다.

그것 말고도 이상한 일은 종종 있었다. 술을 좋아하는 아버지는 집에 오시면 노래를 흥얼거리곤 했다. 그런데 처음 들어보는 노래 제목이었다. '신사동 그 사람.' 한국 가수 주현미 씨의 유명한 노래가 아닌가. 아버지는 도대체 저런 노래들을 어찌 아는 건가 싶었다. 나더러는 남한 오락물을 보지 말라고 하시면서, 얼마나 많이 접했으면 남한 노래가 술술 나올까. 생각할수록 참 이상했다.

그러나 더욱 놀라운 것은 술이 더 취하셨을 때다. 누구보다 김정일 정권에 충성을 다짐하고, 목숨을 바쳐서 군에 뼈를 묻을 것 같은 아버지였다. 그런데 술이 조금 더 들어가면 누가 들을까 겁나는 말씀을 겁도 없이 쏟아놓으셨다.

"지금이 어느 때인데 종신 대통령이야. 김정일 저 새끼가 나라를 다 망친다."

이상한 아버지

평소에 상상도 할 수 없는 흥분된 어조로 장군님을 향해 욕을 퍼붓기도 했다. 그때마다 어머니는 아버지의 입을 막으며 안절부절못하셨다.

"제발 조용히 좀 하세요. 이러다 정말 우리가 당신 때문에 관리소에 가겠어요."

그러고 보니 아버지는 군에 있을 때부터 집에 들어오시면 TV를 보다가도 푸념을 하셨다.

"군대도 안 가본 게 최고 지도자라니. 우리가 뭐 나라를 지키는 군인이지, 김정일을 지키는 군대냐!"

이런 우리 아버지가 어떤 날은 날 보며 이렇게도 말씀하셨다.

"유나야, 혹시 남조선 드라마를 보게 되면 비판적인 시각으로 보라."

그렇지만 아버지의 말은 시시때때로 모순적이었으므로, 어떤 당부도 내 귀에 들어올 리 없었다.

다시 찾아온 기회

　대학에 들어갔는데, 그 대학 애들의 정신 상태가 나처럼 철저하게 느껴지지 않았다. 이 아이들에게 조국에 대한 충성심은 찾아볼 수 없었고, 오로지 헤어스타일이나 멋내기에만 관심을 가졌다. 그리고 그 유행의 목표는 오로지 한국 스타일을 따라 하는 것이었다. 대학에 다닐 때 목도리 하나가 유행했었는데, 나중에 탈북해서 보니 그게 루이뷔통이었다. 그 정도로 회령시 아이들은 물질과 보이는 것을 먼저 생각하는 애들이었을 뿐, 장군님을 먼저 생각하는 애들이 아니었다. 과히 장마당(장터) 세대다운 모습이었다.

　북한에서는 일단 손을 다치면 다른 경제 활동에 채

용될 기회는 없다고 봐야 한다. 그 대신 군복무 중 부상을 당해 제대한 영예군인에게는 배급이 조금 많을 뿐이었다. 얼마 후 우리 아버지께 다시 기회가 찾아왔다. 특수부대 군복은 벗었지만, 또 다른 군복을 입게 되신 것이다. 강과 하천, 토지 등을 다 관리하는 국토감독대라는 기관이다. 아버지가 다시 국토감독대 대장을 맡게 됐는데, 그 국토감독대들도 정복을 입는다. 북한 주민들은 농경지 개간을 위해 민둥산에 화전을 많이 일궜다. 하지만 그건 불법이었고, 그걸 단속하는 게 국토감독대 소관이었다. 아버지가 회령시 국토감독대 대장을 하다 보니, 주민들의 뇌물이 끊이지 않았다.

뇌물이 많이 쌓이다 보니, 오히려 여단 참모장을 지낼 때보다도 더 잘살게 됐다. 사람이 그렇다. 가진 게 없을 때는 당장 입에 풀칠하기가 힘든 대신 다른 걱정이 덜한데, 반대로 가진 게 늘어나면 잃을 게 많아 지키려는 두려움이 생긴다. 아버지는 뇌물로 인해 문제가 생길까 봐 보안에 신경을 많이 썼다. 그래서 두꺼운

판자를 합판에 매어 3미터짜리 담장을 쌓고, 담장 위에 못을 박아 도둑이 담을 넘지 못하게 했다. 그 앞에는 셰퍼드 사냥개 3마리를 늘 풀어놓았다.

그때 어머니는 정미소를 운영하셨다. 국수, 펑펑이(옥수수) 가루 떡인 속도전 떡, 짝매 정미(옥수수 알을 빻아서 가루로 만드는 일) 등 가루를 내는 정미소였다. 당시 북한 돈으로 70만 원을 투자해 엄청 큰 변압기를 사다 부착했다. 그 덕분에 어머니는 돈을 상당히 많이 벌었다.

북한엔 통화 관리가 잘 안 돼 찢어지거나 귀가 깨진 돈이 많았다. 어머니는 그날그날 벌어들인 돈들을 마대로 쓸어 담아 집 안에다 막 쏟아놓으셨다.

"유나야, 여기 찢어진 돈은 다 붙여서, 너 쓰고 싶은 만큼 가져라."

그러다 보니 학생 신분이었는데도 돈 아까운 줄을

몰랐고, 웬만한 사람을 봐도 어려워하거나 무서운 줄을 몰랐다. 거기다 또 우리 대학교 부총장이 나에겐 고모부(아버지의 사촌누나 남편)였으니, 내 교만은 하늘을 찔렀다.

뇌물 공화국

내가 김정숙교원대학 음악과에 들어간 건 천부적인 실력이나 꿈 때문이 아니다. 강력한 어머니의 치맛바람 덕분이다.

11살 때였다. 한국에서 11살이면 아기에 가까운데 북한은 그때부터도 온전한 한몫의 일꾼이었다. 그 무렵 국가 주도의 대규모 인력 및 자원 조직 동원령이 있었는데, 여지없이 나도 동원됐다. 어머니는 나를 강제 조직 동원에서 빼내기 위해 아버지한테 빽 좀 써달라고 부탁하셨다. 아무리 날 예뻐하는 딸 바보 아버지였지만, 국가가 하는 조직 동원령에는 무엇과도 타협하지 않으셨다.

"자식을 그렇게 눈먼 사랑으로 키우면, 결국 자식을 바보 만들어. 기딴 얘기 늘어놓지 말라. 절대 그런 일은 없어."

그래서 어쩔 수 없이 나도 북한 농촌 지역에서 학생들을 대상으로 하는 '화목 동원', 농촌의 '모내기 전투' 등 강제 노역에 모두 다 나갔다. 어머니는 그걸 가슴 아파하셨다. 나를 너무 힘들게 낳으신 데다 내가 마르고 허약 체질이어선지, 내게 유독 애착이 강하셨다.

내가 어머니 뱃속에서 8개월쯤 됐을 때 유산기가 있었다. 그래서 그때부터 어머니는 정말 잣죽만 먹으며 간신히 출산하셨다. 아기를 낳고 보니, 아기가 뼈에 가죽만 씌워서 나왔더라고 한다. 어머니에게 나는 너무 아픈 손가락이었던 거다. 게다가 어머니가 젖이 나오지 않아 젖도 제대로 먹이지 못하다 보니, 부실한 영유아기를 보낸 것이다. 그렇게 연약한 나를 아버지는 자꾸만 강히게 기위야 한다고 하셨다.

"온실 안의 화초처럼 유약하게 키워서 당신이 죽을 때까지 유나 먹여 살릴 거야?"

아버지의 뜻을 꺾을 수 없자, 그때 어머니가 발휘하신 지혜가 내게 악기를 가르쳐서 학교 음악소조로 빼는 거였다. 어머니는 교육자 집안의 딸이다. 외할머니는 수학 선생님이셨고, 외할아버지는 학교 교장 선생님이셨다. 어머니 형제 중에는 대학에 가지 않은 분이 없었다. 그래서 자연히 어머니도 교육열이 높으셨다.

'우리 아이를 강제 동원에서 합법적으로 빼내려면, 음악을 가르쳐야겠다.' 어머니는 일찍이 맘속으로 이렇게 생각하신 것이다.

1995년부터 2,000년대 초반까지 수년간 지속된 대기근과 '고난의 행군', '미공급' 시기를 겪으면서, 많은 아이들이 학교에 제대로 다니지 못하는 상황이 발생했다. 그래서 그 시기에는 겨우 자기 이름 석 자만 쓸 정도의 아이들도 간혹 심심치 않게 볼 수 있었다. 북한에서는 군대나 조직 생활에 있어 체제 선전을 위해 악기를 배워 뽑혀 가면 생활하는 데 큰 도움이 됐다. 그래서 조금 여유가 있는 집 아이들은 대중적인 기타나 아코디언은 많이 배웠다.

그러나 좀 더 숙련이 필요한 바이올린과 피아노를 전공하는 학생들은 많이 없었다. 북한에서 바이올린을 연주하는 것은 아주 색다른 특기에 속했다. 당시엔 사교육이 불법이었음에도 불구하고, 어머니는 바이올린 강사를 구해오셨다. 어머니의 극성으로 나는 말반동으로 지목돼 형벌 처분으로 자강도에 내려온 여자한테서 3년을 배웠다. 그래서 대학에 갈 땐 특기란에 바이올린이라고 썼다. 그랬더니 "너 그러면 한번 연주해 봐!" 해서 음악과에 배정을 받을 수 있었다.

북한에서 좋은 대학에 입학하는 조건은 꼭 공부 실력만은 아니다. 학교에 많은 뇌물을 주면 자동 입학이

가능하다. 만약 한국에서 그런 일이 있다면 뉴스에 도배가 되고, 그 학생은 부정 입학으로 입학이 취소되거나 손가락질을 받았을 것이다.

   그러나 북한에서는 이러한 뇌물 입학을 단죄하거나 미워하지 않는다. 그 이유는 크게 2가지로 분석할 수 있다. 우선 워낙 성분과 돈에 의해 차별되는 사회다 보니, 아예 '그들이 사는 세상'을 당연히 여기는 분위기가 있다. 또 하나는 오히려 그 뇌물 덕분에 학교 시설이나 교육 도구들이 좋아져, 자기들도 그 혜택을 보기 때문이다. 이런 기현상의 기저를 보면, 북한의 구조적 모순이 얼마나 뿌리 깊은지 잘 알 수 있다.

송승헌

음악과에는 역시 돈 많은 애들이 많았다. 시당 책임비서 딸, 북한 내 유적이나 유물 관리자의 딸, 수령에 대한 충성심이 받쳐주고 돈 좀 있는 간부의 자녀들…. 나도 자연스레 이런 애들하고 어울리게 됐다. 그중에서도 특히 어마어마하게 잘 사는 아이가 있었다. 하루는 그 애 집에 놀러간 적이 있었다. 어느 정도 놀고 있는데, 그 애가 나지막이 내게 물었다.

"유나야, 내랑 남조선 영화 안보겠니?"

나는 어찌나 놀랐던지, 선뜻 말이 나오지 않았다. 국경 근처에 사는 사람들이 중국에 나가 한국 드라마를 불법으로 복사해 북한 주민들에게 돌린다는 얘긴 들은 적이 있다. 그것 때문에 공개재판을 받거나 처벌받는 사람들도 꽤 보았다. 그러나 아직까지 내 주변의 어느 누구에게서도 그런 일을 본 적이 없었다. 아버지가 남조선 드라마를 꽤나 보신 것 같다는 건 내 추측일 뿐, 직접 그 장면을 본 적은 없기 때문에 매우 당황스러웠다.

순식간에 나는 뿌리 깊은 장군님이 아는 군관 딸의 정체성으로 무장됐다. 아무래도 이곳에는 반동분자들만 사는 것 같았다. 우리 김정일 장군님께서는 우리를 위해 밤낮없이 일하고, 고난의 시기에는 우리와 함께 굶기를 밥 먹듯이 하고 계시는데, 이따위 남조선의 드라마를 보자고 하니 기가 막히다고 생각했다. 이런 말을 스스럼없이 할 정도면, 평소에 나를 뭘로 봤나 싶은 게 너무나 화가 났다. 그래서 나는 속사포를 쏘듯 쏘아 붙였다.

"동무, 지금 제정신이야? 그래가지고 장군님의 딸이라고 할 수 있어? 우리 장군님께서는 지금 이 순간에도 남조선 괴뢰도당과 미제 침략자들로부터 우리를 지켜주시기 위해 쪽잠과 줴기밥을 드시면서, 간고한 현지지도의 나날을 이어 가시는데 말야. 남조선 괴뢰도당들이 감히 우리 공화국을 모략하고 압살하기 위해 책동으로 만들어 놓은 그따위 쓰레기 같은 영상물을 나보고 같이 보자 그래?"

그러나 그 애는 눈 하나 깜짝하지 않았다. 그 친구는 나의 발끝부터 머리끝까지 쭉 훑어보더니, 낮은 목소리로 내뱉었다.

"야, 너 진짜 머저리 아이야? 지금 시기가 어느 때인데 장군님을 부르짖니?"

이 아이의 말에 나는 아연실색했다. 이런 말을 겁도 없이 내뱉다니. 내가 당상 당 조직에 고발을 하면, 그 집안은 삼대가 멸할 수 있는 아주 위험한 수준의 발언이었다. 그때만 해도 나는 오직 장군님, 수령님밖에 모르는 아이였다. 아버지가 출신성분이 좋아서 수령님의 은혜를 많이 입은 분이라고 평소 생각했고, 눈 뜨면 보던 것이 특수부대 훈련이다 보니, 내 조국은 누가 뭐래도 북조선 하나뿐이었다.

이 애를 고발할까 어쩔까 순식간에 여러 생각들이 오갔다. 집에 돌아와서도 밤새 고뇌의 밤을 보내면서 몇 번이고 번뇌가 일었다. 머리끝까지 분노가 치솟았지만, 나는 잠시 숨을 골랐다. 도대체 남조선 드라마의 정체가 뭔지 확인이나 해보자는 생각이 들었다. 그러고 보니 언젠가 아버지도 혹시 볼 일이 있으면 비판적으로 보라고 하지 않았던가. 내가 혁명적으로 분석하고 비판해서 이 아이의 썩어빠진 정신 상태와 사상을 바꿔놓아야 하겠다는 심산이었다. 침을 꼴깍 삼켰다.

다음 날 나는 학교에 가서 그 동무에게 물었다. 왜 하필이면 나랑 그 위험한 것을 보자고 했냐고. 그러자 그 동무는 나에게 일단 하나만 보면 자기가 무슨 말을 하고 싶어 하는지 알 것이라고 했다. 그 말이 더욱더 나를 솔깃하게 만들었다. 나는 이 동무가 보위원 스파이가 아닌 것을 확인하고, 학교가 끝난 다음 그 친구 집으로 향했다. 나는 비판적인 시각으로 봐주리라 다짐하고 한 편을 보게 됐다. 그런데 어이없게도 첫 도입부에서 애 시각이 바뀌는 일이 일어났다. 도저히 비판적인 시각으로 볼 수 없는 걸 봐버린 것이다. 바로 영원한 나의 첫사랑, 송승헌 배우 때문이었다. 나는 이내 한 편이 끝나자마자 이런 말을 내뱉어버렸다.

"다음꺼 가져오라."

내 반응에 놀란 친구는 재차 확인했다. 나는 주저 없이 말했다.

"얼른 가져오라. 누가 진짜 여주인공의 부모님인지

는 알고 끝내도 끝내야 될 거 아니야."

그날 그 자리에서 나는 난생 처음으로 드라마 〈가을동화〉를 봤다. 그 드라마는 눈물 없이 볼 수 없는 멜로물(melodrama物)이었다. 드라마 속의 배우 송승헌과 원빈은 내 모든 시선을 완전히 앗아갔다. 친구를 통해 드라마를 볼 때만 해도, 아버지 말씀대로 '비판적으로 분석하겠다'라는 명분을 세웠다. 하지만 그때부턴 명분이고 뭐고 신념이고 사상이고 내게는 아무것도 남아있지 않았다. 송승헌의 얼굴을 어떻게 비판적으로 볼 수 있겠는가. 그건 언어도단이다. 나는 앉은 자리에서 눈도 깜빡이지 않고 최종회까지 단숨에 시청을 마쳤다.

드라마 '이브의 모든 것'

나는 뭐 하나에 꽂히면 끝을 봐야만 하는 성격이다. 그로부터 1년 가까이 그 애와 몰래 남한 드라마를 시청했다. 가히 중독이었다. 지금 생각하니 모두 90년대 2000년대 초반에 제작된 드라마들이었다. 목욕탕집 남자들, 순풍산부인과, 첫사랑, 모래시계, 천국의 계단, 황태자의 첫사랑, 미안하다 사랑한다, 겨울연가, 이브의 모든 것…. 한국의 배우들은 얼굴은 물론이거니와 말도 어찌 그리 말랑말랑하게 하는지 정신을 차릴 수가 없었다.

그런데 드라마가 끝을 향해 갈수록 내 눈에는 이제 잘생기고 예쁜 주인공들이 뒷전으로 밀려났다. 그것보다는 드라마 속에 나오는 집, 사람들이 입는 옷과 인테리어, 도로, 자동차, 거리, 상점, 낯선 음식들, 그들의 웃음소리, 꺼질 것 같지 않은 조명들이 나를 사로잡았다.

화면 속의 세계는 거짓으로 꾸며냈다고 의심하기에는 너무나 생생했다. 남한 사람들이 보여주는 삶은 가히 낯설고 충격적이었다. 여주인공은 짧은 치마를 입고 거리에서 당당히 걸었다. 귀걸이를 하거나 화려한 옷차림을 자랑했다. 그뿐인가. 여성들이 스스로 차를 운전하고 직장에서는 상사에게 자신의 의견을 자유롭게 말했다. 남자에게 먼저 사랑을 고백하고, 자기의 감정을 숨김없이 표현했다.

'이게 정말 남조선이야?'

나는 너무도 의아했다.

'도대체 이 드라마 뭐야? 한국이 정말 이렇다고?'

내 머릿속은 혼란 그 자체였다. 당시 우리가 11년제 의무 교육에서 배웠던 남한은 미국 놈들의 식민지였다. 그때 북한에서는 남한과 미 제국주의 침략자들에 대한 적대감 교육을 하느라, 정신이 없었다. 오죽하면 2002년 6월 13일, 남한의 경기도 양주시에서 주한미군 장갑차에 의해 사망한 신효순·심미선 양의 사망 사건을 보고, 우리도 함께 분노했겠는가. 남한도 그랬겠지만 북한도 횃불을 들고 나가 행군하면서, 미 제국주의 침략자들을 소멸하라고 소리를 지르고 다녔을 정도였다.

남한 사람들은 청계천 양쪽에 개집을 짓고 살고 있으며, 명동에 가면 거지들이 쫙 깔렸다고 했었다. 아이들은 월사금(수업료)을 못내서 학교도 못 가고, 장기를 팔거나 피를 팔아서 생활한다고 들었다. 내가 배운 남조선은 범죄와 폭력의 나라였고, 비참한 모습의 노숙자 천지였다. 그동안의 학교 교육이 이렇다 보니, 남한의 드마라를 보고 놀라는 건 당연했다. 그중에서도 가장 놀라서 입을 다물지 못했던 장면은 '이브의 모든 것'이라는 드라마였다. 남자 주인공이 여자 주인공에게 사랑을 고백했는데, 그 고백이 상대에게 받아들여지지 않는 장면이 있었다. 그러자 상심한 남자 주인공이 여자 주인공을 잊기 위해 집에 있던 파란 수첩을 꺼내 들고 곧바로 비행기를 타고 미국으로 날아갔다.

'아니, 나라의 허락도 받지 않고, 국가 공무원도 아니면서 개인 사정으로 비행기를 탄다는 게 말이 되나?' 도무지 이해가 가지 않았다.

거짓말이지?

탈북 후 인천공항에서 수많은 여객기를 본 적이 있다. 모두 난생 처음 보는 것들이었다. 북한에서는 비행기를 그리라고 하면 농촌 아이들은 모두 똑같이 그린다. 비행기라고는 6·25 영화에서 본 미그 15기 전투기가 유일했다. 게다가 남조선은 미국의 식민지라고 배웠다. 남조선 사람들은 미국 사람들을 만나면, 일제 강점기 때의 일본 순사를 보는 것처럼 눈도 마주치지 못하고 머리를 숙여야 옳았다. 그런데 남한 사람들이 미국에 마음대로 가고, 미국 사람들과도 너무나 잘 지냈다. 도대체 어디서부터 잘못됐는지, 내 머릿속은 혼란 그 자체였다.

드라마는 거짓일 수도 있다고 애써 생각했지만, 문제는 드라마 외에도 접할 수 있는 영상이 많았다는 점이다. 한 번은 국경연선에서 안테나를 높이 세워 중국 채널을 실시간으로 보는데, 연변 지역의 조선족 동포들의 방송이 잡혔다. 그때 한국 뉴스가 나오는 것이 아닌가. 뉴스에서 기발한 장면을 봤다. 대한민국 총리이면 대통령 다음으로 권위가 있는 사람일 텐데, 성난 국민들이 총리에게 달걀과 밀가루를 뿌리는 영상이었다. 물론 총리에게 돌을 던졌어도 내 사고방식으로는 있을 수 없는 큰일이지만, 사람들은 아까운 줄도 모르고 달걀을 마구 던진다는 사실에 기가 막혔다.

연예인 시상식도 봤다. 상을 받은 사람들은 화려한 드레스를 입고 TV를 향해 이렇게 외쳤다.

"엄마, 보고 있어?"

위대한 수령님을 찾아 감격의 눈물을 흘리고 충성을

맹세해도 모자랄 판에 엄마라니? 어떤 사람은 한술 더 떴다. 목숨을 거는 게 아닌가 싶은 망발을 일삼았기 때문이다.

"하나님께 이 모든 영광을 돌립니다."

회령에서는 미신을 믿는다는 이유로 공개 처형을 받았는데, 남한에서는 자유롭게 신을 믿고 대중적인 자리에서 그걸 감추지 않는다는 사실을 직접 보고도 믿을 수가 없었다.

1년 동안 한국 드라마에 푹 빠져 지내는 사이, 나의 몸속 세포에는 이미 남한의 삶이 문신처럼 새겨져 있었다. 남한을 동경한 나머지 나도 채색옷을 화려하게 입고 다녔다. 그러다가 한 번은 내 차림이 너무 눈에 띄게 요란해서 안전원들에게 잡혀갔고, 아버지가 돈을 써서 빼 오는 일까지 있었다.

더 이상 나는 북한에서 살 생각이 없어졌다. 대학에서 가르치는 혁명 역사는 아예 귀에 들어오지도 않았다. 꿈속에서 원빈과 송승헌이 나올 때쯤 나는 탈북을 결심했다.

다시 쓰는 유나의 잠언 일기

낯선 환경에서도 인내하며 하나님의 뜻을 기다리자

두려움과 의심 속에서도 하나님을 신뢰하자.
믿음은 불확실한 현실을 이기는 힘이다.
믿음의 실천은 일상에서 시작하자.
진실한 믿음으로 세상을 바라보자.
출신과 배경이 아닌 믿음으로 정체성을 형성하자.
진정한 변화는 영혼의 체험에서 시작된다.
거짓된 평안에 속지 말고 말씀 앞에 자신을 비추자.
구원은 자격이 아니라, 전적인 하나님의 은혜다.
보이는 권위가 아닌 보이지 않는 하나님께만 경배하자.
사람의 마음은 진리를 향해 있음을 믿고 기다리자.
신앙은 이론이 아니라, 생명을 건 여정이다.
신앙은 개인적인 결단이자 하나님과의 관계이다.

보름달을 향한 기도

 내 두 눈으로 직접 본 남한의 드라마는 무지몽매한 나를 흔들어 깨웠다. 또 그 뒤로 본 뮤직비디오 중 문희옥의 '사랑의 거리'가 있었다. 노래 가사에 '여기는 남서울 명동 사랑의 거리….'라고 돼 있었다. 또 '거리는 부른다 환희에 빛나는….' 이런 가사들도 있었다.

 뮤직비디오에도 명동 거리가 자주 나왔다. 너나 할 것 없이 머리는 싹 다 염색을 했고, 옷이며 화장이며 스타일이 막 해괴망측했다. 그러나 그것보다 더 중요한 건 그 누구도 그들의 차림새가 이상하다며 잡지 않는 것이었다. 자유롭게 돌아다니는 사람들이 얼마나 많은지, 저렇게 되면 어떻게 걸을 수 있나 걱정이 될 정도였다. 저 많은 사람들이 다 어디에 숨어 있다 한꺼번에 나와서 저 넓은 거리를 다 채우는가. 그 순간 나는 군관의 딸답게 엉뚱한 생각이 들었다.

'야, 저기다가 기관단총 걸어 놓고 쏴 죽이면 총알이 하나도 빗나가지 않겠다.'

북한은 태어나서부터 죽을 때까지 군사 훈련을 받는다고 해도 과언이 아니다. 그러다 보니 애니메이션도 맨날 죽이고 폭파하고 불바다를 만드는 것밖에는 없다. 남녀 간의 사랑이니, 개인의 삶의 가치니. 인류애라는 걸 배워본 적이 없다. 우리가 남조선에 대해 배운 노래는 딱 이거였다.

"곱고 고운 비단에다 흰쌀이래요. 어디로 가느냐고 물어봤더니 미국놈들 때문에 헐벗고 굶주리는 남조선 동무들에게 실어 간대요."

그런데 눈을 뜨고 보니 그 벌거벗고 불쌍하고 한심한 나라는 남조선이 아니라, 내가 사는 북한이었다. 과자와 설탕을 가득 실은 그 열차는 남조선이 아니라, 방향을 돌려 우리 조국으로 와야 했다.

북한 교육은 오직 체제가 허락한 방향으로만 생각하게 만들었고, 질문조차 반역이 되는 사회였다. 반면에 그 드라마와 뮤직비디오는 내게 처음으로 '질문할 자유', '생각할 자유', '느낄 자유'를 안겨줬다. 드라마 시청은 단지 오락을 넘어서, 진실을 보는 창이자 억눌린 내면을 깨우는 각성제였다.

그렇게 의심과 설렘, 분함과 갈망이 반복되던 나날이 지속되었다. 어느 날 처음으로 김정일의 불쑥 튀어나온 배가 몹시 거슬리기 시작했다. 고난의 행군 시기에 우리와 함께 굶는다고, 오직 사나 죽으나 우리 인민을 위해 노심초사한다던 지도자 수령의 배는 왜 빵빵한가. 거기까지 의심이 돋아나니, 나는 더 이상 이전처럼 생각할 수도 없고 살 수도 없었다. 그냥 가만히 있으면 아버지의 권력 아래, 어머니의 능력 아래 얼마든지 풍요롭고 안전하게 살 수 있겠지만, 이젠 그 어떤 것도 안전과 매력으로 다가오지 않았다.

'그 모든 게 거짓말이었나?'

그리고 어느 순간, 나는 스스로 이렇게 염원하고 있었다.

'나도 저 사람들처럼 살고 싶다.'

자유나 인권이란 단어는 생각조차 떠올리지 못하던 한 대학생 소녀가 드디어 자기 자신의 소중함을 깨닫고 위험한 첫걸음을 떼려고 하는 순간이 찾아왔다.

그 갈망은 단순한 호기심이 아니었다. 초승달이 점점 차오르듯, 내 소망은 생명 같은 갈증으로 커졌다.

그리고 이 갈증은 목숨을 걸고서라도 이 감옥 같은 체제에서 벗어나야겠다는 결심으로 이어졌다. 북한은 생명을 주는 곳이 아닌, 자유와 생명을 억압하고 지배하는 감옥이었다. 이제 다 알아버렸으니, 그 감옥에서 반드시 탈출해야만 했다.

보름이 가까워지던 어느 밤이었다. 열 사람이 도둑 한 명을 막지 못한다고 했다던가. 아버지가 그렇게나 단속을 했으나 도둑은 늘 허점을 찾아낸다. 우리 집 마당 벽 쪽에 있는 변소 지붕을 누가 뜯어갔던 것이다. 양심이니 도덕이니 찾는 것도 배가 부른 후의 일이다. 남의 지붕을 뜯어가야 할 정도로 북한 인민들은 땔감이 부족했다. 아직 변소 천장을 수리하지 못한 상태에서 변소에 들어갔는데, 뚫린 천장으로 달빛이 가득 들어왔다. 밤하늘에 꽉 찬 보름달을 보며 나는 누구에겐지 알 수 없는 기도를 했다.

'하늘님, 저 남조선 좀 가게 해주세요.'

당시 내가 알았던 하늘님은 드라마 '겨울연가'에서 배우 최지우가 열연했던 유진이 남자 주인공을 살려달라고 기도하는 장면에서 배운 것이었다. 벌써 나는 남조선 사람들이 하는 걸 그대로 따라하고 싶어 했고, 그 삶을 나도 누리며 살고 싶었다.

STEP 3

항해자

점쟁이의 예언
달걀노른자
약속해라
나는 혼자가 아니었다
국경을 넘다
찢어진 청바지와 티셔츠
버려지다
조선이 어디예요?
여기가 천국

점쟁이의 예언

　내가 탈북을 실행에 옮길 수 있었던 두 기둥은 아버지와 어머니다. 물론 아버지는 내 변화를 전혀 눈치채지 못하셨다. 만약 낌새라도 보였다면, 나는 아버지 손에 단박에 죽었을 것이다. 아버지는 뇌물은 받았을지언정, 그리고 김일성과 그의 아들 김정일을 욕할지언정 본인의 사명은 게을리하지 않는, 누구보다 김 씨 일가의 호혜를 많이 누린 사람임을 뼛속 깊이 새기고 사시는 분이었다. 그런 아버지가 내게 물려주신 건 강인한 도전 정신과 난관을 헤쳐 나가는 군인 정신이었다.

　그러나 진짜 놀라운 건 어머니다. 탈북하던 날, 나를 보내주시던 어머니의 결단은 지금 생각해도 믿기지 않는다. 나를 강제 의무 노동에 안 보내려고 개인 교사를 붙여 교원대학 음악부를 기획하셨던 치맛바람 드센 어머니가 아니던가.

2006년 3월 1일, 약속된 기차역에 가려고 문을 열고 나온 건 새벽 3시였다. 그런데 엄마는 언제부터 내가 나갈 걸 알고 계셨던 걸까. 문을 열고 나오자마자 뒤쫓아 나오신 엄마에게 딱 붙잡혔다. 달걀노른자 때문이었다.

북한 닭들은 영양이 얼마나 부실한지 알껍데기가 물렁물렁하게 낳을 때도 있었다. 그래서 북한에서는 달걀을 먹고 나면 껍질을 말렸다가 사료와 함께 찧어 다시 닭들에게 준다. 우리 집도 예외는 아니어서 달걀을 먹고 나면 껍질을 부뚜막에 올려놓았다. 우리 집에는 어머니가 정미소를 운영하여 알곡이 많았기 때문에, 집에서 100마리 가까운 닭을 키우고 있었다. 그래서 집에는 늘 닭일(덜갈의 북한식 단어)이 굴러 다녔다. 이런 환경에서 자라서인지, 나는 달걀을 아까워할 줄 몰랐다. 흰자는 부드러워서 몇 개씩이라도 먹겠는데, 노른자는 퍽퍽해서 평소에도 전혀 입에 넣질 않았다. 부뚜막을 보면 내가 먹은 달걀 껍질 안에만 노른자가 동그랗게 들어있었다.

2006년 2월 말이었다. 지난 1년간 남한의 드라마와 생활 문화를 들여다보며 탈북하는 꿈을 꾸었던 나는 드디어 자유를 향한 첫발을 내딛기로 했다. 수소문을 해서 강을 넘게 해줄 사람을 찾다가 한 국경경비대 중대장을 소개받았다.

"얼마를 주면 중국에 보내주겠습니까?"

"못해도 50 달라는 받아야지."

사실 도강만 해주는 거면 10 달러 정도면 되는데, 나는 시세를 전혀 몰라서 그마저도 바가지를 썼다. 나는 집에 오자마자 집 천장에 아버지가 숨긴 비자금을 훔쳤다. 외화를 돌돌 말아둔 덩어리가 3개 있었는데, 그중 하나를 꺼냈다. 1,200 달러였다. 그 돈이면 당시 회령시에서 집 서너 채를 살 수 있었다. 중대장에게 50 달러를 주고 출발하는 날짜를 받았다.

목숨을 걸어야 한다는 두려움 때문인지, 날짜가 잡힌 후부턴 도무지 마음이 안정되지 않았다. 탈북이 보통 일은 아니니, 안전한 탈북 날짜를 정하려고 점쟁이를 찾아갔다. 북한은 타지로 떠나기 전에 대개는 점쟁이들을 찾아가곤 한다. 솔직하게 말할 수는 없다. 나도 이렇게 말했다.

"먼 길을 좀 떠나려고 하는데 언제가 좋습니까?"

"어, 너 3월에 먼 길 가는구나. 가라. 잘될 거다."

중대장에게 받은 날짜가 3월 2일인데, 점쟁이를 통

해 잘 될 거라는 말을 들으니, 조금 안심이 됐다. 지금 생각해보면 무엇인가 의지하고 기댈 곳이 필요했던 것 같다. 내 인생 전부를 건 절체절명의 거사를 앞두고, 점쟁이를 찾아간 걸 보면 말이다.

그런데 그 점쟁이가 마지막에 이런 말을 덧붙였다.

"떠나기 전에 삶은 달걀 3알을 까서 먹으라. 그래야 달걀처럼 돌돌돌 굴러간다."

달걀노른자

 오나가나 내 입이 문제였다. 중대한 결정을 누구와도 쉽게 털어놓을 수 없는 폐쇄적인 사회이다 보니, 북한에서는 점쟁이의 말을 어떤 권위자의 하명처럼 믿는 경향이 있다. 나 역시 그랬다. 그런데 내가 가장 싫어하는 노른자까지 다 먹으라니, 첫 번째 난관이 찾아왔다. 그래도 어쩌랴. 목숨을 장담할 수 없는 비밀 거사인데, 내 입맛대로 할 수는 없는 노릇이다. 집에 오자마자 몰래 계란을 삶았다. 눈을 딱 감고 노른자까지 꾸역꾸역 다 먹었다.

 습관이 무섭다고 했던가. 삶은 계란 3개를 다 먹은 나는 무심코 껍질을 부뚜막에 올려놨는데, 어머니가 그 껍질을 본 것이다. 늘 하던 대로 내 껍질에는 노른자도 함께 있어야 하는데, 그날은 세 알 모두 노른자가 없었던 것이다. 물론 나를 낳은 분이니 노른자 때문만은 아닐 수도 있지만, 어머니는 노른자 없는 달걀 껍질을 보는 순간 직감했다고 한다.

'우리 유나가 먼 길을 가려고 하는구나. 그런데 아빠·엄마한테 아무 말도 안 하네, 분명 무슨 일이 있다.'

그렇게 생각하고 내가 기차역으로 떠나는 날까지 3일을 조용히 주시하고 계셨던 거다. 정확히 내가 사고를 칠 날을 알 수 없으니, 며칠 동안은 제대로 잠도 못 주무신 듯했다.

3월인데 폭설이 내렸다. 사방이 하얗게 잠들어 있던 새벽, 나는 조심조심 일어났다. 아니나 다를까, 새벽 4시에 문을 열고 나가는데, 갑자기 일어나신 어머니가 나를 붙잡으셨다. 그런데 어머니는 절대 큰소리도 내지 않았고, 나를 방으로 도로 밀어 넣지도 않았다.

"너 어디 가니?"

내가 우물쭈물하자, 기다리라 하시고는 바로 따라 나오셨다. 우리 집 대문은 한참 걸어가야 나왔다. 대문에 이르자 다시 한번 물으셨다.

"너 이 시간에 어디 가니?"

역시 나는 아무 말도 할 수 없어서 주저주저했다. 약속 시간이 있으니 그대로 있을 순 없는 노릇이었다. 하지만 나의 몸은 너무 놀라 망부석이 되어서는 입술도 제대로 움직여지지 않았다. 어머니는 물으셨다.

"너 중국 갈라 기니?"

우리 집에서는 중국이 잘 보였다. 밤이면 중국에 켜

진 불빛이 반짝거렸다. 그 질문에도 딱히 해드릴 얘기가 없어서 침묵으로 일관했다. 그러나 속은 시끄러웠다. 엄마께 사실대로 말을 하자니 비밀이 새어 나갈 것 같고, 모른 체 하자니 딸로서 죄책감이 들었다. 하지만 그 누가 아무리 나를 주저앉히려 해도, 이미 내 마음은 북조선 사람이 아니었다. 사방이 너무 조용했다.

약속해라

드디어 올 것이 왔다. 엄마가 기어이 참았던 말을 하셨다.

"너 설마 남조선 갈라 기니?"

어머니가 재차 물으셨다 내 입술은 굳어서 움직이질 않았다. 그때 어머니가 놀라운 말씀을 하셨다.

"유나 앞장 서라."

나는 앞장서서 발걸음을 떼었다. 이윽고 어머니의 목소리가 짙은 어둠을 뚫고 내 귀에 와 닿았다.

"유나야, 이제부터 엄마가 하는 말 똑바로 들으라. 엄마가 봐도 이 나라엔 비전이 없어. 21세기에 종신제 대통령이 말이나 되니? 나 지금이라도 너 붙잡아서 집에 끌고 들어갈 수 있어. 긴데 너의 원망을 평생 받으면서 살 자신이 없구나."

어머니의 목소리는 비장했다.

"어서 가라. 엄마 아버지가 너의 육체적인 생명을 낳아줬다고 해서, 너의 운명까지 좌지우지 할 자격은 없다. 엄마 아버지는 다 살았지만, 너야 앞길이 구만리인데 가야지. 대신에 하나만 약속하라. 절대 잡혀 나오지 않겠다고. 너 잡혀 나오면 우리 집안은 3대가 멸족이야. 엄마는 유나 널 믿는다. 넌 어릴 때부터 빨가벗겨놓고 바윗돌 위에 올려놓아도 천년을 살아남을 아이 같았어. 기니까 가라."

어머니의 입에서 흘러나오는 말씀을 들으며 나는 무

척 놀랐다. 어머니의 희생의 마음도 함께 보았다. 당신들이 위험에 처해질 수 있음을 아시면서, 딸의 앞날을 위해 어머니는 기꺼이 보내주실 결심을 하신 것이다.

눈물이 핑 돌았다. 그러나 울면 안 된다. 사람들이 보면 왜 울면서 기차를 타는지 의심할 것이다. 나는 마음을 추스르며 엄마를 바라봤다. 어머니는 쐐기를 박듯 다시 말씀하셨다.

"유나야, 기차에 올라가면 뒤돌아보지 말고 가라. 모험이 없는 인생엔 변화도 없어."

나를 혼내거나 읍소하거나 말리지 않는 어머니를 보면서, 내가 정말 가는 게 맞나 아주 잠깐 흔들리기도 했다. 특이한 분위기를 풍기면 안 되기에, 우리는 둘 다 자연스럽게 행동하려고 노력했다. 나는 기어코 기차에 몸을 실었다. 자리에 앉은 나는 이내 젖먹이 아이처럼 차창 밖으로 어머니의 얼굴을 찾았다. 다시는 살아서 어머니를 못 볼 수도 있다는 두려운 마음에 나는 창가의 성에를 닦았다. 어머니의 마지막 모습을 눈에 담기 위해서였다. 아쉽게도 어머닌 보이지 않았다. 어머니가 이렇게 단호한 분이셨던가 싶었다.

 어머니 말대로 나는 마음이 흔들려선 안 되었다. 북한의 기차는 출발하기까지 덜컹거림과 예열이 오래 걸린다. 마침내 서서히 기차가 출발하여 구내를 빠져나오는데, 저 멀리 기차 표지판 아래에 반으로 꺾인 검은 물체가 보였다. 어깨가 흔들리고 있는 그 모습은 한눈에도 주저앉아 통곡하시는 내 어머니였다.

 나는 자리에서 벌떡 일어났다. 뛰어내리고 싶었다. 내가 무슨 부귀영화를 누리겠다고 내 어머니를 저리도 위험하게 만들고 가슴 아프게 하나 자책감이 들었다. 기차 문 쪽으로 달려갔다. 한데 뛰어내리려는 순간, 어머니의 마지막 말씀이 귓전을 울렸다. '뒤돌아보지 말고 가라.' 나는 이내 주저앉았다. 어머니의 형체는 곧

내 눈앞에서 사라져버렸다.

　집에서 기차역까지 걸어오는 데 약 1시간이 족히 걸렸다. 그 긴 시간의 새벽길을 엄마는 혼자 어떤 심정으로 되돌아갔을까. 내 비밀을 떠안은 어머니가 얼마나 무거운 짐을 안고 발걸음을 옮겼을까 생각하면, 지금도 가슴이 미어진다. 그래서 모든 어머니는 위대하다고 했던가. 나의 어머니는 정말 그랬다. 당시 나는 나로 인해 가족에게 닥쳐올 대재앙을 깊이 생각지 못했다.

나는 혼자가 아니었다

어머니는 어떻게 나를 한 번도 말리지 않고 그 무서운 길을 허락하셨을까. 그러나 더 놀라운 건 기차에 오르기 전 엄마 입에서 조심스럽게 새어 나온 말이었다.

"신이 계시다면, 우리 유나를 지켜주시겠지."

한국에 와서 교회를 다니며 찬송가를 부를 때 소름이 돋았던 곡이 있다. 옛날에 평양에서는 회개 부흥 운동이 불같이 일어났었다고 들었다. 나는 친가와 외가의 신앙에 대해서는 전혀 알지 못했다. 나중에 하나님을 만나고 보니, 그제야 어렴풋이 할머니가 부르시던 노래가 생각났다. 할머니는 부뚜막에서 불을 때실 때

특정한 곡조를 웅얼거리셨다.

"천부여 의지 없어서 손들고 옵니다."

그 찬송이 틀림없었다. 지금 생각해 보면 그것은 기도였다. 지나고 보니 우리 어머니도 그러셨다고 한다. 나중에 여쭤봤더니, 어머니는 사실 하나님을 알고 있었다고 하셨다. 새벽 4시마다 제주 극동방송을 친할아버지하고 몰래 들으며, 황장엽 선생이 망명한 것도 다 알고 계셨다고 한다. 그때 어머니는 이렇게 생각했다고 말씀해 주셨다.

'아, 우리나라는 미래가 없구나. 황장엽 선생님이 망명했을 정도니 끝났구나.'

어머니는 세상 돌아가는 걸 대략 알고 있었지만, 부모 자식 간에도 이런 얘기를 나눌 수 없는 게 북한이다. 그래서 어머니는 내가 탈북할 때 말리지 않으셨던 거다. 지금 와서 보니, 내가 탈북한 것도 한국 교회에서 간증을 하는 것도 하나님께서 복음 전파를 위해 우리 가정을 사용하셨다는 생각이 들었다. 북한에선 우리 할아버지나 어머니처럼 입 밖에는 차마 내지 못했으나, 진짜 깊이 숨겨둔 마음으로 하나님을 믿는 사람들이 많을 것이다. 그러니 이제라도 먼저 믿은 사람들이 신앙조차 마음대로 드러낼 수 없는 북한 동포들을 위해 가슴을 두드리며 더욱 기도했으면 좋겠다.

북한에 있을 때는 학교나 동네 친구들뿐만 아니라, 주변의 이웃 누구에게서도 하나님을 믿는 것 같다는 느낌조차 받은 적이 없었다. 대학 다닐 때 친구에게서 그런 말을 들은 적은 있다.

"누구네 집에 가서 뭘 알려준 대로 받아쓰면, 옥수수 3킬로와 감자 5킬로를 준대. 그런데 이건 비밀이야. 야, 우리도 한번 가볼까?"

그러나 대부분이 부족함 없이 살던 친구들이라, 콧방귀를 뀌며 이렇게 대꾸했다.

"딱 봐도 냄새나는데. 그 위험한 걸 너는 감자를 준다고 받아쓰겠냐?"

"심심한데, 그거 써주고 우린 남조선 드라마 보여달라고 할까?"

이러면서 농담을 주고받았다. 나 또한 돈이나 먹을 게 궁하지 않으니 흘려 들었다. 하지만 나중에 태국의 한인 교회에 와서 보니, 이미 많은 선교사님이 국경 연선 마을 쪽에 들어가 선교를 하고 있다는 것이다. 그리고 감자와 옥수수를 준다는 게 성경책을 베껴 쓰는 일이었다는 걸 뒤늦게 알게 됐다. 지방 국경 근처에는 당시에도 그런 식으로 성경도 쓰고 주기도문도 쓰게 하면서, 복음을 전파하는 분들이 꽤 있었다고 한다. 하나님께서는 우리가 생각지도 못한 방법으로 계속해서 북한을 인도하고 계셨던 것이다.

다시 쓰는 유나의 잠언 일기

고난은 믿음의 뿌리를 깊게 내리는 도가니다

고난은 사명의 출발점이다.

고난 속에서도 희망을 잃지 말자.

고난 중에도 하나님은 반드시 도우신다.

고난을 피하지 말고 신앙의 연단으로 받아들이자.

고통의 시기는 하나님의 은혜를 경험하는 출입문이다.

국경을 넘다

나는 기차로 4시간을 달려 중대장이 말한 두만강 기슭의 약속 장소에 도착했다. 정확한 기차역 이름은 도와준 사람들의 안위를 위해 밝힐 수 없다. 그곳에는 국경경비대 중대장이 기다리고 있었다. 아버지 돈을 훔쳐 찾아간 사람이 바로 이 중대장이었다. 중대장은 두만강 옆에 자기가 맡아놓은 집이 있다고 했다. 그 집에 도착해 하룻밤을 대기하다가 새벽에 강을 넘을 거라고 했다. 탈북 리허설을 한다고 나를 불렀다. 그리고 첫날 이동해야 할 루트를 보여줬다.

"이제 우리가 저기로 넘는단 말야. 그러니 그 집에 들어가서 조용히 있다가 내일 3월 2일 새벽 4시 전에 넘자."

　새벽 3시에서 4시가 사람이 가장 깊은 잠에 빠져 있을 때라고 했다. 문제는 이게 3월이라는 사실이다. 원래 북한은 추워서 강이 꽁꽁 얼어 있어야 하는데, 도착해보니 기온이 올라가서 듬성듬성 기슭이 녹아있는 상태였다. 첫 예상부터 빗나갔다. 중대장은 다시 차선책을 설명했다.

"한 300m 더 올라가서 넘자."

　거기에 중국 쪽과 맞닿은 산이 있는데, 산 그림자가 깊어서 응달이 지니 아직 얼음이 안 녹았을 거라는 계산이다. 대신 산세가 엄청 가팔랐다. 게다가 북한 주민들은 개를 많이 키웠다. 우리는 개들이 짖을까 봐 정말 조용조용 움직였다. 북한은 한국과 달리 저녁에 생활 소음이 거의 없다. 만약 개가 짖기라도 하면 쩌렁쩌렁 울려 나길 정도로 온 동네가 다 듣는다. 그래서 최대한 살며시 두만강 뚝을 올라가서 손을 잡고 강을 내달리기 시작했다. 생각보다 강을 건너는 시간은 짧았다 중국 접경 지역에 도착을 했을 때, 또다시 문제에 봉착했다. 가파른 산에는 바람이 심해서 겨우내 떨어진 낙엽이 상당히 쌓여있었다. 미끄러져 떨어지기를 반복했다. 그러나 그 길 외에는 달리 뾰족한 방법이 없었다.

우리는 넘어지고 미끄러지기를 반복하면서 할 걸음씩 가파른 산을 톺아 올라갔다. 그러다 보니 시간이 훌쩍 지나 이미 보초병들이 교대하는 시간이 돼버렸다. 우리 쪽에서 부스럭부스럭 소리가 나자, 뒤에서 '섯' 이라는 호령 소리가 들려왔다. 겁이 난 우리는 어떻게 해서든지 빨리 올라가려고 했다. 그러니까 "야! 서" 하더니, 그때서부터는 실탄 사격을 퍼부었다. 계곡이 찢어져 나갈 듯한 공포가 우리를 향해 달려들었다. 앞에 있는 바윗돌에 총알이 '탕탕' 부딪치면, 번쩍번쩍 빨간 불꽃이 일었다. 그럴 때마다 내 뒤통수에 진짜 총알이 꽂히는 것 같았다.

나는 중대장의 지도에 따라야만 했다. 우리 쪽에서 쥐 죽은 듯 조용하니, 이번엔 손전등을 켜고 중국 쪽을 비추기 시작했다. 우리는 숨소리조차 내지 못하고 산중턱에 붙어 있었다. 다행히 우리는 삼엄한 경계 대상에서 벗어났다. 중대장은 군인답게 먼저 산에 오르더니, 끈을 풀어 내가 있는 아래쪽으로 내려 보냈다. 마치 하늘에서 내려온 동아줄 같았다. 나는 숨을 죽인 채 바윗돌에 긁히면서 그 끈을 잡고 간신히 올랐다. 한고비를 넘기고 나자, 그제야 팔다리에 난 상처가 쓰라리고 온몸이 욱신거렸다. 이마와 무릎과 손바닥에는 피가 흥건했다. 지금이라면 그 위기에서 하나님이 살려주셨다고 했겠지만, 그땐 아무 생각도 나지 않았다.

'와, 운이 좋았다.'

사실 나는 탈북하기 전에 화장실에 앉아서 이렇게 기도한 적이 있다.

"하늘님, 저 남조선 좀 가게 해주십시오."

달을 보고 하나님도 아니고 하늘님을 찾으며 던졌던 내 바람이었으나, 우리 하나님은 그걸 정확히 기도로 들으셨다.

산길을 따라 꼬불꼬불 올라가니, 중국 마을이 툭 나타났다. 우리의 탈북 브로커인 중대장은 여러 번 이 일을 해본 사람이라, 북한과 인접해 있는 중국 접경 지역을 잘 알고 있었다. 그곳에 도착하니, 약속 시간보다 왜 늦게 왔냐며 촌장이 마중을 나와 있었다. 중대장은 촌장에게 이렇게 당부했다.

"이 아이에게 돈이 있으니 절대 인신매매에게 넘기지 말고, 한국행 브로커에게 바로 연결해 주십시오."

그런데 다음 날 그 중대장이 다시 강을 건너왔다. 그다음 날도 부대 복귀를 하지 않고 나와 함께 그 집에 있어줬다. 그러다가 문득 난데없는 고백을 했다.

"유나야, 너 탈북하지 말고 다시 북한으로 가서 나랑 결혼해 평양에 가서 살지 않을래?"

내가 전혀 반응을 하지 않자, 중대장은 돌아가면서 한마디를 덧붙였다.

"동남아시아까지 무사히 도착하면, 꼭 촌장의 집에 전화해다오."

들어가 조금 쉬고 있으니, 금세 새벽이 됐다. 곧이어 아침밥이 푸짐하게 나왔다.

찢어진 청바지와 티셔츠

촌장에게 500달러를 주니, 다음 날 베이징에서 브로커가 나를 데려가려고 승용차를 끌고 왔다. 그가 제일 먼저 내게 한 일은 찢어진 청바지를 입힌 것이다.

'아, 한국에서 온 사람처럼 가장을 하려고 그러나?'

북한에서 볼 때는 대한민국의 찢어진 청바지가 가난함의 상징처럼 보였는데, 요즘 중국에서 유행하는 패션이라고 했다. 어쨌든 청바지와 딱 달라붙는 티셔츠도 입고 머리까지 풀어 헤친 후 차에 탔다. 간쑤성의 서부인 영정(永靖, 융징)이라는 데 가서 한 며칠을 있었다. 노래방도 찾아가 마음 놓고 남조선 노래를 부르니 희열도 솟구쳤다.

 다음 행선지인 베이징으로 가면, 그곳에서 탈북자들이 다 함께 모일 거라 했다. 그날 모인 사람은 총 11명이었다. 일행 가운데는 중국에 인신매매로 팔려 오신 분부터 시작해서 별의별 사연을 가진 사람들이 다 있었다. 사람 숫자가 많아지니 브로커도 네 명으로 늘었다. 장소를 이동할 때마다 우리를 인솔하는 브로커들이 계속 바뀌었다. 슬쩍 보니 우리들이 다른 브로커에게 인계 될 때마다 엄청 두꺼운 돈 뭉테기들이 브로커들 사이에서 왔다 갔다 했다. 그래도 여러 사람과 같이 있으니, 마음이 좀 든든했다.

 나는 대한민국으로 오는 비용을 후불로 지불하기로 하고 온 경우다. 한국에서 브로커가 중국으로 나왔다. 우리를 앉혀 놓고는 각서를 쓰게 했다. 손도장까지 찍은 각서였다. 나는 수중에 어느 정도의 달러가 있었지만, 그것으로는 어림도 없었다. 브로커들은 대단했다.

당장 우리 수중에 돈이 없으니, 탈북 외상 장부를 꺼내 한국에 가면 갚겠다는 각서를 받아낸 것이다.

'대한민국에 가면 500만 원을 주겠다.'

우리는 각서를 쓰고 립스틱으로 지장까지 찍었다. 그들은 진짜 대한민국에 와서 후불로 500만 원씩을 착실히 받아갔다.

우리는 베이징에서 윈난성 곤명(昆明, 쿤밍)으로 가고, 다시 미얀마 국경까지 갔다. 차로 갔다가, 버스로도 갔다가, 기차도 탔다. 개인 차량으로 움직일 때는 괜찮았지만, 이층 버스를 타고 영정(융징)에서 베이징에 들어갈 때는 단속을 두 번이나 당했다.

차장들이 승객들에게 뭐라고 물으며 확인을 하는데, 도무지 알아들을 수가 없었다. 나는 브로커에게 영정(융징)을 떠날 때 중국 책을 하나 달라고 했다. 내 차례가 되면 중국 책을 무릎에 탁 펼쳐놓고 읽다가 잠든 척을 했다. 입꼬리에 침 흘린 자국까지 묻혀놓고 자는 척을 하면 공안이 중국인인 줄 알고 그냥 넘어갔다. 그렇게 두 번의 단속을 무사히 통과했다.

영정(永靖, 융징)에서 기차를 타고 곤명(昆明, 쿤밍)까지 가는 기차에서도 차표와 신분증 검사가 있었다. 그럴 때마다 난 또 중국 책을 들고 자는 척을 했다. 중국어를 잘하는 브로커가 옆에 앉아 "내 딸입니다." 해서 또 큰 어려움 없이 넘어갔다. 이렇게 무사히 통과된 게 무려 5번이나 되니, 이를 어찌 운과 사람의 능력이라 말하겠는가.

이번엔 미얀마에 도착해 국경을 넘어가야 하는데, 갑자기 비가 억수로 쏟아졌다. 동남아시아는 한 번 비가 내리면 잠깐만 와도 사람의 키를 훌쩍 넘어갈 정도로 흙탕물이 불어 강을 만들어냈다. 그런데 우리가 이 깊은 흙탕물을 건너야 한다고 했다. 우리 11명은 떨어지지 않도록 서로 깍지를 끼고 물에 들어섰다. 물살 때문에 밀리다 보면 물속에서 돌이 굴러다니며 종아리를 긁었다. 종아리에서 피가 철철 났다.

그런데 그건 문제도 아니었다. 이번엔 산길을 가는데 거머리들이 살을 파고들었다. 흐르는 피 냄새를 맡고 온 것이다. 우리 그룹에는 5살짜리 애도 있었는데, 그 애 발가락 사이로 거머리가 들어가서 피를 파먹고 있었다. 거머리가 기어들어가려고 하면 잽싸게 빼내는데, 어떤 거머리는 몸통만 끊어져 나오고 대가리는 살 속에 그대로 파묻혀 있기도 했다. 그걸 핀으로 파내느라 애를 먹어야 했다. 그때의 괴로움은 말로 다 할 수 없을 지경이다.

우여곡절 끝에 한참 걸어가니 메콩강이 나왔다. 브로커들은 우리를 작은 통통배에 5~6명씩 태웠다. 배 안으로 물이 찰랑찰랑 넘어오는데, 그 상태로 4시간 반을 달렸다. 메콩강 위에서 물살이 치고 배를 흔드니,

엉덩이가 깨질 듯이 아팠다. 게다가 강한 해가 내리쬐는데, 누구 하나 모자를 쓴 사람이 없었다. 그때 얼굴이 다 익어서 태국에 들어갔을 땐 피부의 표피 세포가 죽어 하얀 허물이 죽죽 벗겨졌다. 너무 쓰라려서 한 달 정도 세수도 제대로 못 할 정도였다. 한 번 벗겨진 피부는 한동안 계속해서 벗겨졌다.

버려지다

 드디어 미얀마 국경을 넘어 태국에 도착했다. 그런데 브로커들은 이제 우리와 같이 갈 수 없다고 했다. 나를 담당했던 브로커가 내게 전화기를 주며 필요할 때 연락을 하란다. 이제는 우리들끼리 가야 한다.

 그런데 이것 역시 하나님의 계획이었다. 우리가 태국에 들어간 날이 일요일이라 경찰서도 문이 닫혀 있었다. 하나님께서는 일부러 주일에 딱 맞춰서 우리를 태국으로 들여놓으셨다. 평일이었으면 우리가 눈에 띄었을 거고, 거기서 걸리면 우리 모두는 다 난민수용소로 가는 게 수순이었기 때문이다. 난민수용소에 갇히면, 정말 개돼지처럼 살아야 한다고 했다. 무더운 작은

방에서 300~400명이 콩나물처럼 앉아서 잠을 자고, 전쟁같이 하루하루를 버티는 수용소로 악명이 높았다.

브로커한테 전화를 했더니, 태국의 수도인 방콕으로 들어가라고 했다. 그래야 한국으로 가는 길이 더 빨라진다는 것이다. 우리 11명은 다 같이 버스를 탔다. 그때 우리는 모두 흰 티셔츠를 입고 있었다. 우리가 서로를 잃어버리지 않으려고 같은 옷을 입은 것인데, 이 작전이 오히려 화를 가져왔다.

치앙마이 방면에서 우리 중 한 사람이 여권 검사를 받았다. 여권이 없다고 하니, 같은 옷을 입은 우리 11명을 동시에 조사했다. 여권이 있을 리 없는 우리는 모두 강제로 차에서 내렸다. 불안한 마음으로 내리니, 그들이 이미 인터폴을 불러 놓았다. 인터폴이 와서는 미국에 친척이 있는 사람이 있느냐, 일본에 친척이 있는 사람이 있느냐, 또 어디서 왔느냐 등 꼬치꼬치 캐 물었다. 우리 중 누구도 미국과 일본에 친척이 없다고 하니, 자기 소관이 아니라며 휙 가버렸다. 무안해진 경찰은 우리를 데려다가 제대로 보수도 되지 않아 버려진 것만 같은 태국 감옥에 가뒀다. 밤만 되면 우리는 도마뱀들과 함께 밤을 보내야만 했다.

우리는 물 한 모금도 못 먹은 채 그곳에 2박 3일간 갇혀 있었다. 나는 쇠창살 사이로 왔다 갔다 하는 경찰을 불렀다. 그리고는 100불을 줄 테니, 우리를 버려 달라고 했다. 그랬더니 내 말이 안 믿기는지 정말 100불 있냐고 물었다. 나는 가방 끈 안에 넣고 꿰매어 꽁꽁 감춰뒀던 100불을 꺼내 탁 보여줬다. 그랬더니 '오케이!' 하고 가서 상급자를 데리고 왔다. 그들도 살기가 팍팍한지, 100불에 우리 11명을 치앙마이 다운타운 한복판에 버려줬다.

다시 쓰는 유나의 잠언 일기

감사는 형식이 아니라, 생명으로 드리는 고백이다

감사는 헌신의 연료이다.
감사는 모든 회복의 시작이다.
잃어버린 감사를 회복하자.
진정한 감사는 고난 속에서 피어난다.
하나님께 모든 것을 맡기며 감사하는 삶을 살자.

조선이 어디예요?

 우리 11명은 드디어 모텔로 들어갔다. 나만 전화기가 있었는데, 거기에 유심 칩을 넣으면 유용하겠다 싶었다. 그길로 유심 칩을 살 수 있는 상점을 찾아 나섰다. 가는 길에 공중전화 부스가 보였다. 그쪽으로 걸어가며 보니, 투명 유리로 된 식당이 있었다. 간판엔 '코리아 하우스(Korea House)'라고 적혀 있었다. 나는 잠시 고민에 빠졌다.

 '저 코리아가 조선일까? 남한일까?'

 그러다가 우리는 아직 탈북이 완료되지 않은 사람들이라는 걸 깨달았다.

'그래. 우리나라 조선은 'DPRK: Democratic People's Republic of Korea'지. 그럼 저거는 한국이다.'

그래서 가까이 다가가 슬며시 들여다봤다. 드라마에서 봤던 헤어스타일을 한 사람들이 쟁반을 들고 다니며 음식 서빙을 하고 있었다. 누가 봐도 한국 사람이었다. 나는 문을 열고 들어갔다.

"어서 오세요."

문 밖에서 봤던 그분이 나를 보고 인사를 하더니, 말을 채 맺지 못하고 내 행색을 살폈다.

"어디서 오셨어요?"

"조선에서 왔습니다."

"조선이 어디에요?"

나는 그때 정말로 의아했다. 조선을 모른다고?

'아, 이분들이 우리나라를 모르는구나. 조선을 모르면 뭐라고 하면 알아듣지?'

나는 다시 물었다.

"평양은 아십니까?"

"어머나, 북한에서 오셨어요?"

그 말을 듣고서야 내가 아는 북조선이 한국인들에게는 북한이었다는 걸 처음 알게 됐다. 그리고는 대번에 내게 물었다.

"그런데 탈북하시는 거예요?"

나는 또 당황했다. 북한을 벗어나는 것을 '탈북'이라

고 부르는 줄도 몰랐기 때문이다. 나는 정확한 질문의 의도도 모른 채 순진하게 대답했다.

"네."

사장님은 다시 물었다.

"아 맞다, 그런데 밥은 먹었어요?"

사장님의 물음에 왈칵 눈물이 났다. 감옥에서 2박 3일 동안 아무것도 못 먹고 화장실 수도꼭지에서 받은 물에 약간의 된장을 풀어서 조금씩 나눠 마신 터라, 정말 배가 고팠기 때문이다.

"못 먹었습니다."

"저런! 여기 앉으세요. 밥 가져다 드릴게요."

"안 됩니다. 저 말고 일행이 있습니다."

둘이 갔던 터라, 나머지 9명은 숙소에 있었다.

"몇 명이세요?"

"모두 11명입니다."

"다 모시고 나오세요. 식사를 대접할게요."

 나는 안 된다고 거절했다. 누구인지도 모르는데 함부로 믿어서는 안 될 것 같았다. 그러자 그분은 우리 11명이 먹을 식사를 포장해서 건네주었다. 나는 그걸 들고 숙소로 갔다. 식사를 11명 앞에 쫙 펼쳐 놓았다. 일행들은 깜짝 놀라며 물었다. 이거 어디서 났냐고, 마치 무용담을 늘어놓듯 나는 장황하게 설명해 주었다. 웬 횡재냐 싶어 맛있게 먹고 빈 그릇을 가지고 그 식당으로 갔다. 빈 그릇을 건네며 감사를 표하자, 식당 사장님이 우리를 도와주시겠다고 했다. 버스표를 끊어 주며 다시 방콕으로 무사히 가라고 했다. 혹시 잡힐 수도 있다고 생각해서 우리는 5명과 6명으로 나눠서 타기로 했다.

우리가 지금 방콕으로 가는 이유는 그곳에 난민수용소 본부가 있기 때문이다. 지방에서 경찰에 잡혀 있으면, 그 나라에 불법으로 입국한 것에 대한 벌금을 물어야 방콕으로 빨리 올라갈 수 있단다. 그런데 우리에게는 그럴 만한 돈이 없었다. 그래서 우리는 최대한 잡히지만 않는다면, 방콕으로 올라가고 싶었다.

여기가 천국인가

치앙마이에서 3시간 정도 달리니, 드디어 사장님들이 말씀해 주셨던 첫 번째 초소가 나왔다. 우리는 잔뜩 긴장했다. 2006년 그 당시, 시위대들이 총리를 시해한다며 무슨 피를 뿌리고 난리가 나 있었다. 초소에는 군인들이 장전을 한 채 삼삼오오 모여 있었다. 우리가 탄 버스가 조금만 더 가면 검문 초소가 나온다. 앞 팀 사람들이 탄 버스가 먼저 출발하고, 나는 뒤의 팀과 함께 있었다. 앞 팀 버스는 초소 쪽으로 거의 다 갔고, 우리까지 마저 가면 초소의 군인들이 버스에 올라와 우리를 일일이 확인하게 된다. 생각지도 못한 복병을 만난 우리는 또 긴장 상태가 됐다.

그런데 우리가 초소에 도착하기 몇 분 전쯤, 갑자기 하늘에 구멍이 뚫린 것처럼 비가 억수같이 쏟아졌다. 어디나 나태한 구멍은 있기 마련인가 보다. 하도 비가 쏟아지니 초소에 있는 군인들은 버스에 오르는 건 고사하고 아예 나와 보지도 않았다. 그냥 초소 안에서 우리를 한 번 슥 쳐다보고는 빨리 넘어가라고 한다. 이게 웬일인가. 무시무시한 초소를 통과하는데, 때마침 내리는 폭우 덕분에 우리는 누구 하나 잡히는 사람이 없이 무사히 통과했다.

그렇게 초소를 무사히 통과한 후 나는 완전히 기절했다. 탈북의 길에 오른 날부터 나는 제대로 된 통잠을 한 번도 자본적이 없었기 때문이다. 그렇게 밤새 달렸나보다. 일행들이 막 흔들어서 깨어보니, 거기가 방콕이라고 했다. 10시간이 어떻게 지나갔는지 모르겠다. 각자 가져온 짐을 이고 지고 걷는 우리 몰골은 더하고 뺄 것도 없이 딱 전쟁 난민 그 자체였다. 낯선 이국땅에서 아는 사람 한 명 없는 우리는 이제 길에서 죽게 되는 것은 아닐까 생각했지만, 그건 기우였다. 터덜터덜 걷고 있는데 누군가 우리를 불렀다.

"여러분! 이쪽으로 넘어오세요."

분명 한국말이었다. 일행 중 한 분이 말을 툭 내뱉었다.

"저 사람 남조선 사람이다."

한국 사람들의 도움을 이미 한차례 받았던 터라, 경계심이 많이 사라진 우리는 일단 길을 넘어갔다. 그분은 마치 우리를 기다렸다는 듯이 반갑게 맞아주셨다.

"오시느라 고생 많으셨습니다."

그분은 우리더러 자신을 따라오라고 했다. 그분을 따라 한참을 걸어갔더니, 어느 건물 앞에 도착했다. 건

물을 올려다보니, 십자가가 눈에 들어왔다. 곧이어 그분은 자기 소개를 하셨다.

"저는 여러분들을 도와드릴 신상태 선교사라고 합니다."

교회라고? 순간 아찔했다. 기독교 악마화 교육을 받아왔던 나는 마귀의 손에 잡혔다는 공포감에 휩싸였다. 아까 우리에게 식사를 대접해 주고 교회를 알려주신 마영현 코리아 하우스 사장님이 이미 교회에 전화를 해놓았던 것이다. 당시 선교사였던 신상태 목사님은 전화를 받고 우리를 계속 기다렸다고 했다. 그렇게 길에 버려졌던 우리는 교회라는 뜻밖의 안전지대로 인도를 받은 것이다.

물론 처음엔 교회에 대한 거부감이 컸다. 하지만 아무 조건 없이 우리를 그리스도의 사랑으로 보듬어주시는 선교사님들의 배려와 섬김 덕분에, 교회에 대한 거부감은 물론 그동안 치른 고생까지도 눈 녹듯이 사라졌다. 게다가 우리는 일주일에 한 번씩 용돈도 받았다. 참으로 감사하고 평안한 시간 속을 거니는 듯했다. 하나님의 섭리는 참으로 놀라왔다.

STEP 4

하나님의 시간표

또 다른 감옥
찾아냈다, 요놈!
세례
금가루를 뒤집어쓴 세 사람
타임머신
진짜 한국인
다시 만난 독재자
국정원에 아버지가
군인 월급이 어딨어

또 다른 감옥

 사람 마음은 손바닥과 같다. 한인 교회라는 공간은 또 하나의 '낯선 세상'처럼 느껴졌다. 나는 '이제 좀 쉴 수 있겠지'라는 희망을 품었지만, 막상 교회 생활은 그 기대와 달리 매우 규칙적이고 엄격했다. 북한에서 철저하게 통제된 삶을 살아온 내게는 새벽 5시에 일어나 새벽 기도에 참석하고, 성경을 공부하며 하루를 시작하는 교회 문화가 오히려 또 다른 감옥이었다.

 처음 며칠 동안은 마지못해 억지로 끌려가듯 새벽 기도에 참여했다. 다른 사람들은 눈을 감고 진지하게 기도했지만, 나는 그 분위기 속에서 왠지 숨이 막히고 답답함을 느꼈다. 특히 목사님이 하얀 옷을 입고 강단에서 계실 때면, 북한에서 세뇌당했던 기억들이 스쳐 지나가면서 알 수 없는 두려움과 경계심이 내 마음을 사로잡았다.

'저 사람들은 진짜 선교사인가? 혹시 나를 속이려는 건 아닐까?'

그분들 덕분에 살게 됐음에도 불구하고 또 다른 의심이 머리를 떠나지 않았다. 북한에서는 기독교라는 신앙을 원수나 적으로 가르쳤다. 당연히 하나님이라는 존재는 내게 낯설고 이해할 수 없는 대상이라, 본능적으로 거부감마저 들었다.

그게 끝인 줄 알았는데, 더한 게 기다리고 있었다. 이번엔 우리를 일 대 일로 맡아서 강도 높은 성경 공부를 시켰다. 아브라함이 어쩌고, 베드로가 어쩌고…. 처음에는 무슨 말인지 귀에 들리지도 않는 데다 계속 주입시키는 것 같아서, 솔직히 짜증이 나기도 했다. 그런데 선교사님이 이렇게 말씀하셨다.

"성경 시험을 볼 텐데, 테스트에 통과하는 순서대로 한국으로 보내드리겠습니다."

가히 뱀처럼 지혜로운 분이었다.

묘하게도 그 말을 들으니 슬슬 오기가 생겼다. 한국행이라는 말에도 귀가 번쩍 띄었지만, 사실 나는 북한에 있을 때도 공부에서는 져본 적이 없었다. 아무리 낯선 성경책이지만 여기서 지면 내 자존심이 몹시 상할 것 같았다. 나는 대뜸 성경책을 달라고 했다. 그러자 바로 주셨다. 성경책을 가지고 오면서 혼자 열의에 불탔다.

"이 책을 내가 한 달 안에 잡아떼어야겠어.'

본론이 중요하다고 생각한 나는 주기도문 같은 건

보지도 않고, 바로 내용으로 들어갔다. 창세기가 나왔다. 무슨 말이 적혀 있나 몇 줄 읽어 내려가는데, 내 예상을 뛰어넘어 너무나 빗나갔다.

'태초에 하나님이 천지를 창조하시느라. 빛이 있으라 하시니 빛이 있었고, 무슨 강이 있으라 바다가 있으라 하시니까 바다가 되고…'

사람을 창조하는 부분에 들어가다가 책장을 딱 덮었다. 그길로 나는 선교사님께 성경책을 돌려드렸다.

"선교사님이나 많이 읽으시라요."

찾아냈다, 요놈!

성경책 내용은 김일성 신격화와 너무나 닮아 있었다. 북한에서 평생 배운 내용이 김일성 수령에 대한 신격화 교육이었다. 나는 그야말로 모태 신앙인이었던 것이다. 김 부자를 찬양하는 주체사이비 종교의 모태 신앙이었다.

'김일성이 솔방울을 잡아서 던지면 수류탄으로 변하고, 땅을 주름잡으시고, 축지법을 쓰시고….'

성경책을 펼쳤는데 자동으로 김 부자가 생각났다.

'이거 너무나도 비슷하네.'

내가 그토록 벗어나려고 했던 수령 신격화를 성경책에서 또 봐야 한다고 생각하니, 머리가 지끈거렸다. 그러자 선교사님은 씩 웃으시면서 다시 성경책을 내밀었다.

"자매님, 인내심을 가지고 조금만 더 보시죠. 왜냐하면 테스트를 통과해야 되잖아요."

나는 또 단순하게 '아, 그건 맞네.' 하고 또다시 들고 왔다. 인내심을 가지고 보라는 선교사님의 말에 진짜 인내심을 가지고 보기 시작했다. 읽다 보니 이번엔 아브라함의 족보가 나왔다.

'아브라함이 이삭을 낳고, 이삭이 야곱을 낳고, 야곱이…'

그런데 조금 이상했다. 북한의 김일성이 정권을 잡으면서 제일 먼저 태워버린 것이 주민들의 족보였다.

북한의 민생단 사건은 1930년대 만주 지역에서 발생한 사건으로, 중국 공산당이 항일 무장 투쟁 세력 내에 침투한 '민생단'이라는 반혁명 조직을 색출하고 숙청하는 과정에서 일어났다. 기관지인 '민생단보'가 김일성 우상화에 반하는 글을 쓴다며 지주와 자본가들의 소유물들을 다 태웠다. 그때 일반 국민들의 족보까지 다 태워 버려서, 지금 북한 주민들은 자기들의 조상도 모르고 어느 후손인지도 모른다. 그런데 성경에는 사람의 족보가 그대로 다 나와 있었다. 가만히 읽다 보니, 글자가 안 보이고 자꾸만 생각이 딴 데로 가고 있었다.

갑자기 놀라운 현상이 일어났다. 내 눈앞에서 성경의 글자가 사라지고, 다음의 글자들이 눈에 들어왔다. '…김응우가 김보현을 낳고, 김보현이 김형직을 낳고, 김형직이 김일성을 낳고, 김일성이 김정일을 낳았고….' 얼마나 김일성 가문에 대한 신격화 교육을 받았으면, 그들의 조상을 다 기억한단 말인가.

참 이상했다. 나는 내 조상인 증조할머니 이름도 모르는데, 난 왜 나와 전혀 상관도 없는 김 부자의 족보를 꿰고 있는 건가 싶었다. 사람이 후손을 낳는 일은 사람이 하는 게 아니라, 하나님이 하시는 일이라는 생각이 들면서 마음이 묘해졌다. 다시 선교사님께 갔다.

선교사님께 내가 체험한 것들을 꺼내놓았다. 선교사님은 매우 기뻐하며 내가 성령 체험을 했다고 하셨다. 나중에 신학대학을 보내야 하겠다며 입꼬리가 귀 잡으러 가시는 것이었다.

이윽고 선교사님은 놀라운 사실들을 알려주셨다. 바로 우리가 믿었던 '하늘이 내신 분 우리 수령님 오늘도 내일도 영원히'라며 노래를 불렀던 나였는데, 그가 바로 기독교 집안의 장남이었다는 것이다. 나는 너무나도 놀라 뒤로 자빠질 뻔했다. 나는 다시 물었다.

"선교사님! 이 책은 언제 써진 겁니까?"

찾아냈다, 요놈!

"못해도 6,000년 전입니다."

그때 머리를 탁하고 스쳐가는 게 있었다.

'그렇다면 김 부자가 이걸 베꼈구나. 그리고 이걸 도용해서 자기 신격화를 했구나. 이거 다 성경을 보고 흉내를 냈구나.'

계속 읽어 내려갔다. 예수님이 나오는 신약 성경까지 와보니까, 김일성이 오병이어를 베낀 것 같다는 생각이 들었다. 항일혁명을 할 때 일제들에게 쫓기며 먹을 것이 없을 때 장군님 주머니에는 한 홉의 미숫가루밖에 없었는데, 그걸 항일혁명 투사들이 나눠먹었다는 것이었다.

'와, 실체를 알고 나니 더 역겨웠다.'

십몇 년을 그런 말도 안 되는 가짜 공부를 했다는 게

너무나도 화가 났다. 그때부터 더 열심히 성경을 읽었다.

'내가 이 책을 다 떼고 나면 저 김일성 일가 정권의 허점이 보이겠구나. 또 그렇게 하면 저 김일성 일가 정권을 무너뜨릴 수 있겠구나 싶었다. 그래 바로 이 성경책이다.'

나는 북한에 있을 때 공개 처형을 두 번 본 적이 있다. 한 번은 미신을 퍼뜨렸다는 사람이었다.

'아, 그때 그 사람이 미신을 퍼트린 게 아니라, 하나님을 만났었구나. 북한에는 이미 미신 퍼뜨리는 점쟁이들이 꽤 많았는데, 거기서 말하는 미신이 바로 기독교에서 말하는 하나님이었던 거네.'

특히 미신을 퍼트린 사람은 공개 처형을 할 때 역효과가 난다면서 총을 쏘기 전에 먼저 입에 재갈을 물렸다. 그 이유가 바로 그들이 죽음을 앞두고 그토록 평생 외치고 싶었던 '주여~'를 마지막 순간에 외쳤기 때문이었다. 지금 생각하니 그들의 입을 막지 않으면 죽기 직전까지 복음을 전파하게 될 테니, 아예 입을 막아버린 게 아닌가 싶었다.

세례

　그러던 어느 날, 전혀 예상하지 못한 일에 직면했다. 성경을 읽었으니 이제 세례를 받아야 한다는 것이다. 솔직히 내 마음 한구석에서는 아직도 약간의 거부감이 일었다.

　'내가 성경을 읽긴 했지만 나는 아직 아무것도 모르는데, 내가 뭘 안다고 세례까지 받아야 하지?'

　하지만 무언가 알 수 없는 강력한 힘이 나를 세례 받도록 밀어붙이는 듯했다. 그래서 머뭇거리면서도 끌려가듯 세례에 참여하게 됐다. 그리고 그 순간은 내 인생에서 감히 상상조차 못한 체험의 시작이 됐다. 내가 인지하지 못했을 뿐, 나는 이전과는 완전히 다른 방향의 길로 들어선 것이었다.

세례식에서 차가운 물이 머리에 닿던 순간, 이게 무슨 일인가. 내 몸 전체에서 뜨거운 열기가 솟구쳐 올랐다. 그 열기는 단순한 감정의 변화가 아니었다. 내 안에 깊게 쌓여 있던 두려움과 아픔, 상처들이 눈 녹듯 녹아내리는 듯한 강렬한 체험을 했다.

나는 타인 앞에서 쉽게 눈물을 보이는 사람이 아니었다. 내 외연과 내면은 강인한 사람이라고 믿어왔다. 그런데 주체할 수 없는 눈물이 하염없이 흘러내렸다. 뒤이어 갑자기 눈앞이 환하게 빛나며 눈부신 빛이 나를 완전히 감쌌다. 그때 하나님이라고 믿어지는 음성이 내 영혼 깊은 곳에서 울려 퍼졌다.

"유나야, 울지 마라. 나머지는 내게 다 맡겨 놓거라. 이제는 이끄는 대로 앞으로만 나아가거라. 울지 말고 한국으로 무사히 가라."

 그 음성은 오래도록 기다려온 아버지의 다정한 목소리 같았고, 동시에 세상을 품는 강력한 힘처럼 느껴졌다. 나는 그 순간, 이사야 41장 10절 말씀을 깊이 묵상하며 완전히 무너졌다.

"두려워하지 말라 내가 너와 함께 함이라 놀라지 말라 나는 네 하나님이 됨이라. 내가 너를 굳세게 하리라 참으로 너를 도와 주리라 참으로 나의 의로운 오른손으로 너를 붙들리라."

 그 세례식을 통해 하나님께서 나를 조건 없이, 한없는 사랑으로 받아주심을 온몸으로 체험했다. 이전에는 결코 느껴본 적 없는 깊은 사랑과 평안이었다. 하나님의 살아계심이 온전히 믿어지는, 신생아의 믿음이 시작되는 출발점이었다.

다시 쓰는 유나의 잠언 일기

겸손과 회개의 자세를 가지자

자신의 삶을 통해 하나님의 영광을 드러내자.
하나님과 동행하는 믿음의 삶을 결단하자.
하나님의 자녀로서 당당히 살아가자.
하나님의 평안을 누리자.
하나님의 인도하심을 끝까지 신뢰하자.
하나님의 시간표를 신뢰하자.

금가루를 뒤집어쓴 세 사람

방콕 교회에서 머문 4개월 동안 나는 정말 행복했다. 반면 나는 행복의 질량만큼 흥건한 눈물과 함께 지냈다. 초긴장 상태로 살다가 드디어 원하던 꿈을 이루니, 마음이 무너졌었나 보다. 엄마와 헤어지던 장면이 떠올라 눈물이 그치지 않았다. 오죽하면 선교사님도 이제 그만 울라고 할 정도로 눈물을 달고 살았다. 아무리 위로를 해줘도 눈물이 멈추지 않았다.

내 눈물이 서서히 멈추게 된 건 성경을 읽고 세례를 받으며 신앙이 생기면서였다. 선교사님을 통해 조금씩 기도하는 법도 배웠고, 또 기도하면 왠지 모르게 마음이 편안해졌다. 그러던 어느 날 새벽 기도 때였다. 그

날 안수 기도를 받고 그 자리에서 막 울면서 기도를 하고 있는데, 마음속에 하나님의 음성이 들렸다.

"유나야, 인제 그만 좀 울어라."

그리고 이사야 43장 1~2절 말씀이 떠오르게 하셨다. 성경을 처음 읽었지만, 왠지 내 처지와 닮은 몇 개의 구절들은 자연스럽게 암송을 하게 됐다. 예레미야 33장 3절 말씀과 이사야 43장 1절 말씀도 그러했다.

"야곱아 너를 창조하신 여호와께서 지금 말씀하시느니라 이스라엘아 너를 지으신 이가 말씀하시느니라 너는 두려워하지 말라 내가 너를 구속하였고 내가 너를 지명하여 불렀나니 너는 내 것이라. 네가 물 가운데로 지날 때에 내가 너와 함께 할 것이라 강을 건널 때에 물이 너를 침몰하지 못할 것이며 네가 불 가운데로 지날 때에 타지도 아니할 것이요 불꽃이 너를 사르지도 못하리니."

성경 말씀이 떠오르는 동시에 깨달음도 같이 들어왔다.

'너는 내 것이라. 내가 너를 구속하였다. 너의 탈북은 네가 하는 것이 아니다. 너는 북한 땅에서 애쓰던 모세다. 너는 기억해라. 내가 너희 어머니를 들어서 사용했다. 유나야, 모세의 어머니 요게벳이 있다. 요게벳의 그 순종이 제사보다 낫다. 너희 어머니가 너를 그렇게 보낸 것은 다 나의 뜻이었다. 내가 해줄 테니, 내게 한번 다 맡겨보렴.'

지그시 눈을 감고 하나님의 메시지를 복기하는 중인데, 그 순간 하나님께서는 눈을 뜨라고 하셨다. 마치 앞에서 몇 천 명이 달라붙어서 용접하는 것 같은 광채와 열기가 내 눈앞에서 느껴졌다. 불이 이글이글하는데, 새빨간 불이 아니고 용접봉으로 용접을 하는 것 같은 빛이었다. 하얀색으로 튀는 불꽃이 느껴졌는데, 거기서 눈을 뜨면 눈이 실명될 것 같을 정도로 강렬한 빛이었다. 나는 차마 눈을 못 뜨고 있었다. 다시 마음속에 들리는 음성이 있었는데 뒤를 돌아보라고 하는 것 같았다.

뒤를 돌아보니까 이제 하늘은 온통 까만색이었다. 반대로 온 땅은 금가루 바다였다. 그리고 눈앞에 금가루를 뒤집어쓴 3명의 형상이 보였다. 그 세 사람의 모습은 황제나 군주 앞에 예의를 갖추고 무릎을 꿇고 앉아 있는 자세를 취하고 있었다. 하지만 금가루를 완전히 뒤집어쓴 그 세 사람이 누구인지, 그 얼굴을 확인할 수가 없었다. 그 체험을 한 이후 내 몸의 기운은 모조리 빠져나가고, 힘이라곤 하나도 남아 있지 않았다. 그러면서 나는 툭 쓰러지듯 넘어졌다.

타임머신

방콕 교회에서 머물던 4개월 동안 나는 성경을 2독했고, 성경 공부 테스트에서도 다 통과했다. 그런데 선교사님은 성경 통독과 테스트 성적이 우수한 나를 먼저 보내주지 않으시고, 임산부와 노약자를 먼저 빼주셨다. 그때 나는 '선교사님들과 목사님들도 후라이를 잘 치시는구나' 생각했다. 하지만 서운한 마음은 없었다. 오히려 그곳에서 보낸 4개월의 시간은 하나님이 나를 만나주신 최고의 선물 같은 시간이었음을 깨달았기 때문이다.

마침내 그해 7월, 나는 대한민국으로 들어오게 됐다. 두만강을 건너고, 중국과 동남아시아의 험난한 여정을 거쳐 수많은 죽음의 고비를 넘긴 끝에 드디어 나는 새 땅에 발을 디뎠다. 난생 처음 보는 여객기의 위용에 얼마나 놀랐는지, 신발을 벗고 타려고 했을 정도였다. 감탄할 새도 없이 드디어 수개월 동안의 최종 목적지에 간다는 사실만으로 나는 세상을 다 가진 것 같았다. 그러나 탑승을 마치고 비행기가 이륙할 때, 귀가 터져 나가는 줄 알았다. 처음 겪는 현상을 겪다 보니, 마음이 절로 어두워졌다. 먹먹한 상태로 좀 가다 보니 귀도 편안해졌고, 그제야 한시름 마음이 놓였다. 얼마나 날아갔을까. 자꾸 머릿속에서 여러 생각들이 꼬리를 물고 올라왔다.

'과연 내가 한 선택이 옳은 거였을까?'

기쁘기만 할 것 같았던 탈북의 첫 감격 속에 잠깐씩 무력감과 회의감이 고개를 내밀기도 했다. 과거의 끈

이 참으로 나를 집요하게 달라붙어 괴롭혔다.

'내가 한국 땅에서 잘 적응하며 살아갈 수 있을까?'

그토록 오매불망 기대했던 시간이 다가오고 있는데, 이상하게도 나는 불안감과 중압감에 눌리는 기분이었다. 설렘과 부푼 기대감 뒤로 미지의 세계에 대한 공포감도 쓰나미처럼 함께 몰려왔다. 곧 인천공항이 가까워진다는 안내 방송이 나왔다. 그러자 다시 훅하고 형언할 수 없는 감격이 밀려왔다.

드디어 인천공항에 착륙했다. 비행기 문이 열리고 첫발을 내딛는 순간, 마치 다른 차원의 세계로 들어선 듯한 감동이 밀려왔다. 내가 두 발로 내딛고 있는 단단하고 안전한 이 땅이 바로 대한민국이라는 사실만으로도 가슴이 벅차올라 아무 말도 할 수 없었다.

내가 본 한국의 첫인상은 드라마에서 보고 놀란 수

준 그 이상이었다. 90년대 드라마를 보고도 그렇게 충격을 받았는데, 2006년의 한국을 실제로 보고 있으니 완전히 신세계였다. 공항 내부는 눈부시게 밝고 모든 것이 질서 정연했다. 자유롭게 오가는 사람들의 얼굴에는 미소가 가득했다. 밝고 여유 있어 보이는 사람들의 모습이 믿기지 않아, 정말 그토록 그리던 대한민국에 도착한 걸까 하는 의구심마저 들었다. 대리석 바닥이 얼마나 반짝거리던지, 발이 미끄러질 것 같아서 얼음판을 딛듯 신발을 질질 끌며 걸었다. 타임머신을 타고 100년 정도의 미래로 간 것만 같았다.

공항에 도착한 우리를 까만 양복을 입은 신사들이 맞아주었다. 그들의 겉모습을 보고 나는 무시무시한 안기부를 떠올렸다. 하지만 그중 나이가 지긋하신 분의 입에서 흘러나온 한 문장이 나를 울컥하게 만들었다.

"대한민국에 오신 것을 열렬히 환영합니다."

진짜 한국인

맥없이 눈물이 쏟아졌다. 부지불식간에 어깨를 짓눌렀던 긴장감이 해소되는 느낌이었다. 그때 공항 직원이 따뜻하게 말을 건넸다.

"고생 많으셨습니다."

그 위로와 나를 맞이하는 국정원 직원의 부드러운 눈빛이 얼어붙었던 내 마음을 서서히 녹여주기 시작했다. 국정원으로 이동해 진행된 면담 중에 한 요원이 조용하지만 또렷한 목소리로 내게 말을 건넸다.

"정유나 씨, 북한에서 태어난 것은 당신의 잘못이 아

닙니다. 오히려 당신은 태어날 때부터 이미 대한민국 국민입니다. 그러니 지금부터는 누구보다 당당하고 떳떳하게 살아가십시오. 대한민국은 당신을 오랫동안 기다리고 있었습니다."

그 순간, 오랜 기간 억눌러왔던 모든 감정이 폭발하며 주체할 수 없이 눈물이 쏟아져 내렸다.

'내가 누군가에게 비로소 받아들여졌구나. 이제는 진짜 자유로운 사람으로 살아도 되는 거구나.'

이 단순한 진실이 주는 위로와 안도감은 상상 이상으로 거대하게 나를 감쌌다. 그날 밤 국정원 숙소 창문을 통해 밤하늘을 바라보며 간절히 기도했다.

"하나님, 저를 이곳까지 안전하게 인도해 주셔서 감사합니다. 저는 이제 주님 안에서 참된 자유를 누리는 존재입니다. 제 가족도, 제 삶도, 오직 주님의 뜻대로 이끌어 주십시오."

 며칠 후 나는 북한 이탈 주민 보호대상자로 공식 등록이 됐고, 대한민국의 국민으로서의 새로운 삶을 시작할 자격을 얻었다. 모든 것이 낯설고 어색했지만, 내 마음속에는 확신과 평안이 가득했다.

 '이제 나는 더 이상 과거의 죄책감과 억압에 묶여 사는 존재가 아니다. 하나님께서 주시는 참된 자유 안에서, 완전히 새로운 정체성과 삶을 시작한 존재다.'

 북한에서 꽤나 잘 먹고 잘 산 축에 속했지만, 남한의 밥상은 드라마 그 자체였다. 어떤 이들은 국정원 밥상에서 마음이 녹는다고도 했다. 처음엔 우리 보여주려고 갖가지 화려한 뷔페를 준비했구나 하고 일단 의심을 한다. 그래서 다 먹지도 못할 정도의 밥을 마치 다 먹을 수 있을 것처럼 마구 퍼 담는다. 누가 뺏어가는 것도 아닌데 풍족하게 먹어 본 일이 많이 없다 보니, 다시 못 볼 밥처럼 다급해지는 것이다.

　그러나 하루 이틀 지나도 밥상의 수준은 떨어지지 않았다. 그뿐인가. 평생 살아도 구경조차 못해 본 음식과 과일들이 매끼 밥상마다 다르게 나왔다. 눈치를 볼 필요도 없이 원하는 만큼 담고 몇 번이고 더 먹어도 된다. 이 당연한 한 끼 밥을 위해 그토록 고생하는 북한 사람들을 생각하니, 뭔지 모를 인류애가 치솟아서 목이 메기도 했다.

　방에 들어와 누웠지만 잠이 오지 않았다. 이 밤에 잠들었다가 다시 눈을 떴을 때 만약 다시 북한에 있으면 어쩌나. 잡다한 생각이 꼬리를 물고 일어나 오랜 시간 뒤척였다.

다시 만난 독재자

국정원에서 조사를 받던 나는 영락교회에서 나오신 장로님들과 함께 서울 시내 구경과 쇼핑의 기회를 선물 받았다. 한 사람당 50만 원 상당의 옷을 사주신다고 했다. 하지만 나는 옷보다 내 눈을 사로잡는 게 따로 있었다. 나는 곧바로 장로님들과 조사관 선생님들에게 물었다.

"저기 젊은 사람들이 귀에 꽂고 다니는 게 뭡네까?"

"아하, MP3요? 음악을 듣는 거예요."

"그럼 저는 옷 대신 저걸 사주시라요."

"안 됩니다. 지금은 저것보다 당장 입을 옷을 사는 게 더 필요한 것 같아요."

아쉽게도 그날 나는 옷만 사서 돌아왔다. 대신 삼겹살과 떡볶이를 먹고 싶다고 졸랐다. 한 번도 먹어 본 적은 없지만 삼겹살과 떡볶이는 내 마음속에서 이미 '최애 음식'이었다. 한국 드라마를 볼 때마다 사람들이 가장 자주 먹는 게 삼겹살, 떡볶이, 자장면 등이었다. 드라마 배우들이 얼마나 맛있게 먹는지, 그게 어떤 맛일까 너무 궁금했다. 북한에서는 고기를 자주 먹을 수도 없을뿐더러 팬에 직접 구워서 먹는 일은 거의 없다. 떡볶이도 구경할 수 없는 음식이다. 진짜 그 음식이 내 혀에 닿았을 때 나는 그 음식들을 먹으며 행복해 하는 사람들의 표정이 거짓이 아니라는 걸 바로 알 수 있었다.

겨울에 먹는 귤은 별미 중 별미였다. 한국에서는 흔한 귤이 북한에서는 완전히 부자가 아니면 먹어 보지도 못하는 과일이다. 입에서 달콤하고 새콤하게 살살 녹아버리는 귤 맛은 이게 천국의 맛인가 싶었다.

국정원 입소 후 정착 프로세스에 따라 먼저 과거를 정리하는 단계에 착수했다. 탈북 이유를 정확히 밝히고 한국 사회에서 적응할 여러 준비를 훈련받는 과정이다. 그러나 장밋빛 미래만 있을 것 같았던 기대에 찬물을 끼얹는 일이 생기고 말았다. 국정원 입소 초기에 나는 다시 고집쟁이 유나로 돌아가게 됐다.

우선 내 소지품에서 나온 달러가 문제가 됐다. 북한에 있을 때 집에서 훔쳐 온 달러 가운데 아직 쓰지 않고 소지해 온 200달러가 있었다. 북한에서 탈북한 어린 여자애 주머니에서 적잖은 돈이 나오자, 국정원 조사관은 그때부터 특별히 나를 둘러싸고 의심의 레이더가 작동됐다. 아버지의 돈을 훔쳐서 나왔다고 솔직하게 말했음에도, 내 말을 순수하게 믿어주지 않았다. 되레 이번엔 아버지가 뭐 하는 사람인지 꼬치꼬치 캐묻기 시작했다.

 나를 더욱 힘들게 한 건 북한에서의 내 삶을 보고하는 부분이었다. 북한에서 출생한 후 탈북하기까지의 인생을 시간 단위로 모두 적어내라고 했다. 거기서 실수로 빠지거나 기억이 안 나는 부분이 있으면, 마음에 안 든다는 듯 펜으로 좍좍 지워버렸다. 나는 몹시 화가 났다. 사람이 살아온 세월을 어떻게 시간 단위로 다 기억할 수 있단 말인가. 물론 이해는 된다. 내가 북한에서도 아쉬울 것 없는 상류층으로 살았으니, 탈북할 이유가 선뜻 믿기지 않았을 것이다.

 그래도 그렇지. 이것저것 따져 묻는 그 조사관의 태도에 서운한 생각마저 들었다. 가뜩이나 자기주장이 강한 나는 심기가 매우 불편해서 참을 수가 없었다.

 "저는 북한이 싫어서 탈출했는데, 선생님이 독재자 같아요."

나는 밥도 안 먹고 볼펜으로 나를 찌를 듯한 과격한 모습까지 보이며 강하게 반발했다. 그리고 충분한 시간을 들여 조사를 다 마친 뒤, 나는 하나원이라는 교육 기관으로 안내를 받았다. 헤어지던 날 담당 조사관 선생님은 송별 선물로 박스 하나를 주셨다. 박스를 열어 보니, 거기엔 내가 백화점 쇼핑할 때 그토록 사고 싶어 눈여겨봤던 MP3가 들어 있었다. 내가 좋아하는 노래도 가득 담겨 있었다. 그런 분을 미워했다니, 부끄럽고 죄송한 마음이 들었다. 다시 한번 뵐 수 있다면 맛있는 밥을 대접하고 싶다.

국정원에 아버지가

국정원에서 나는 한 사람을 만났다. 도저히 한 공간에 있으리라고 상상조차 할 수 없었던 사람, 아니 한 공간에 있어서는 안 되는 사람, 바로 아버지였다. 그뿐인가. 오래지 않아 어머니와 오빠까지 모두 대한민국 사람이 됐다. 대체 우리에게 무슨 일이 있었던 것일까.

국정원에 와서 조사를 받은 지 벌써 한 달이 지나가고 있었다. 조사를 끝내고 밖으로 나와 같이 온 사람들과 놀고 있었다. 그때 어디선가 나를 부르는 목소리가 들렸다.

"유나야!"

누가 나를 부르나 싶어 위를 올려다보니, 북한에 계셔야 하는 아버지가 창문을 열고 나를 내려다보고 있었다. 믿을 수 없는 일이 일어났다. 이게 꿈인가 생시인가 싶으면서도, 동시에 간담이 서늘해졌다. 나는 그 자리에서 무릎을 꿇었다.

"죽을 죄를 지었습니다. 하지만 죽이지만 마시라요. 순순히 따라가겠습니다."

그런데 아버지가 울먹울먹하시면서 말씀하셨다.

"살아 있었구나. 아버지가 걱정 많이 했어. 이젠 걱정하지 말라. 우리도 여기서 살 거야."

내가 국정원에 오고 이틀 정도 후에 아버지도 이곳에 들어오셨다고 한다. 아버지는 나를 잡으려고 탈북을 하셨다. 내가 없어진 지 3일 만에 부모님은 잡혔있다. 오빠는 군인 신분이라 어차피 특정 공간에 갇혀 있으니, 나의 탈북을 미리 알 리가 없다. 그래서 따로 사전모의의 벌은 받지 않았다.

아버지는 보위부에 잡혀가 32일간 고문을 받아 몸이 심하게 상하셨다. 보위부의 고문은 일반 감옥 1년 치보다 더하다고 할 정도로 가혹하다. 게다가 아버지보다 한참 아래 계급이었던 보안원의 보위원들에게 맞을 땐 무척 자존심이 상하셨다고 한다. 밤에는 잠도 안 재우고 때렸다. 32일간을 그러고 있으니 병이 났다. 아버지의 몸이 심하게 상해서 병원에 잠깐 가야 했는데, 그 사이에 아버지가 도망을 쳤다. 어떻게든 탈북한 딸을 찾아 명예를 회복하고 싶었다. 특수부대 군인답게 김일성 생일인 4월 중순 즈음에 강을 건너셨다고 한다. 특별 경비 주간에 강을 넘으셨다. 평생을 단련한 아버지의 군기가 탈북에 큰 힘이 됐다.

그때 아버지는 내가 아직 중국에 있는 줄로 알았다. 수소문해서 브로커를 찾아냈는데, 내가 이미 남조선으로 가고 있다고 했다는 거다. 북한에서는 가족 중 누구 하나가 한국으로 가면, 그건 이제 정치적인 문제로 커진다. 북한에서 중국으로 넘어가는 것 하고는 차원이 달라진다. 게다가 아버지는 김 부자가 아끼던 특수부대 참모장을 지냈으니, 보통 문제가 아니다. 내가 한국으로 가면 가족뿐만 아니라, 친척들까지 앞길이 다 막혀버린다.

'야, 이거 딸 하나가 온 집안을 풍비박산 내는구나. 그러면 내가 남조선에 가서 잡아 오는 수밖에 없다.'

이렇게 해서 여기저기 인맥을 동원해 배를 타고 들어왔는데, 막상 와서 보니 나를 잡아갈 판이 아니었던 거다. 국정원에서는 아버지 딸인 내가 이미 조사를 받고 있다는 사실을 아버지에게 알리지 않았다. 아버지가 처음에는 조사도 잘 안 받았다고 한다. 그런데 어쩌다가 아버지는 남한에 정착하려고 마음을 바꿨을까?

군인 월급이 어딨어

아버지는 자발적으로 인천항에서 나와 경찰을 찾아갔다. 이곳에서는 그야말로 대어가 저절로 낚인 것이다. 북한군 참모장으로서 정보가 많았을테니 말이다. 딸을 찾으러 위험을 무릅쓰고 대한민국에 왔는데, 나는 없고 아버지는 이미 국정원에 들어와 있게 된 것이다.

국정원이 어떤 곳인가. 탈북자의 심리라면 이미 이골이 난 사람들이 아닌가. 우리 아버지를 설득할 방법을 그들은 찾아냈다. 직원들은 두말없이 아버지를 모시고 외출을 했다. 모든 탈북민들의 기가 죽고 마음을 바꾸게 한다는 대표적인 번화가를 둘러보게 했다. 먼저 남산 타워에 가고, 명동거리도 보여줬다. 신세계 백화점에 가서 사고 싶은 걸 다 사라고 했다. 물론 그 전에 아버지가 드라마를 통해 어느 정도 남한을 알았고, 김정일 체제의 모순도 알고는 있었다. 하지만 그래도 이건 예상을 깨고 넘는 광경이었을 것이다.

'이거 아주 별세상이구만.'

미세하게 흔들리는 아버지의 표정을 살핀 직원들은 이때를 놓치지 않았다. 그러나 아버지가 누구인가. 평생을 뼛속까지 김일성 일가와 한 조국을 위해 충성을 다해 온 군인 아닌가. 아버지는 흔들리지 않기 위해 마음을 다잡으며 입을 열지 않았다. 그러자 직원들은 다른 방법으로 아버지에게 접근했다.

"선생님, 우리나라 이병 월급이 얼만지 아십니까?"

"군인이 월급이 어디 있나?"

"우리나라는 있습니다. 이병 월급이 거의 300불 이상입니다."

3~4백 달러는 우리 아버지 정도 지위의 월급으로도 몇 년이나 일하고 안 써야 모을 수 있는 돈이다. 북한에서는 대한민국 괴뢰군이 월급이라는 돈에 팔려 온 군대라며 비방했다. 북한 군인은 월급은커녕 하루하루 먹고 살기도 빠듯하다. 그런데 한국의 군인 이병 월급이 아버지의 예상보다 많은 걸 보고 속으론 놀라셨다. 계속 한국의 군인 대우를 듣던 아버지는 그제야 그동안 북한에서 속고 사셨다는 것을 깨달았다. 그리고 우리 아버지에게 특별서비스로 틀어줬던 한국의 뉴스들이 아버지를 서서히 눈뜨게 만들었다. 비로소 한국에 정착하기로 결정하고, 그때부터는 국정원에 적극 협조했다.

그러나 아버지의 말이 모두 수용된 건 아니다. 남한에서 스키부대의 존재를 전혀 모르다 보니, 아버지가 다른 의도로 거짓 정보를 흘리는 게 아닌가 해서다. 국정원 정보 차원에서 이 문장은 쉽게 받아들이기 어려웠을 것이다. 그래서 아버지는 남들보다 강도 높은 조사 단계를 거쳤다고 한다. 아버지의 진술이 일관된 걸 알고 나서야, 북한의 1급 정보가 속속 남한에 새로운 데이터로 쌓이기 시작했다.

조사를 마친 아버지가 창문을 열고 아래서 노는 아이들을 보고 있었는데, 익숙한 목소리가 들렸다는 것이다. 대부분의 탈북민들은 '그랬니?', '말았니?' 뭐 이런 말을 쓰는데, 평안도 사투리는 '던지라', '차라', '야 더 하라' 이런 식으로 말한다. 아버지는 귀에 익숙한 평안도 사투리가 들리자, 바로 창문을 열어제치셨다. 아버지의 예감은 적중했다. 내가 그곳에서 놀고 있었던 것이다.

STEP 5

메신저,
메시지

2년 만에 벌이진 일
유나, 완?
다시 교회로
이제는 만나러 갑니다
짐 로저스의 수행비서
새롭게 하소서
하나님의 나팔수
신앙의 정체
자유, 자유, 자유

2년 만에 벌어진 일

 드디어 어머니 소식을 듣게 됐다. 나와 아버지의 일이 있은 후, 어머니는 정말 고생을 많이 하셨다. 내가 사라진 후 어머니는 로동교화소에 수감되고 강도 높은 노동을 시키는 '노동교화형' 벌을 받았다. 하도 매를 많이 맞으며 강도 높은 노동을 소화하시느라, 어머니의 체중이 30킬로대로 떨어졌다고 했다. 그 사실을 알고 아버지와 나는 2년 동안 열심히 돈을 모았다. 그래서 특별히 브로커를 써서 어머니를 비행기에 태워 모시고 왔다.

 국정원에서 나를 불렀다. 드디어 어머니가 오셨으니, 면회 시간 10분을 주겠다고 했다. 설레고 긴장된 마음으로 국정원에 갔는데, 어머니가 안 보였다. 어떤 여성분이 있기는 한데, 다른 사람인 줄 알았다. 나는 내 어머니를 눈앞에 두고도 못 알아봤다. 너무 말랐고 얼굴이 새까맣게 변해서, 누가 봐도 우리 엄마 얼굴이 아니었다. 그런데 어머니가 먼저 나를 알아보셨다.

"유나야! 엄마야."

그 사이 얼마나 몸이 상하셨던지, 어머니는 타다 남은 나무껍질처럼 버석거리는 모습으로 변해 있었다. 그런 엄마를 보자, 칼로 베인 듯 가슴 통증이 일었다.

'도대체 내가 엄마와 가족들에게 무슨 짓을 저지른 거야.'

그럼에도 불구하고 어머니와의 상봉이 꿈만 같아서 우리 모녀는 얼싸안고 눈물을 펑펑 쏟았다. 우여곡절 끝에 오빠도 북한을 떠나 2박 3일 만에 한국에 들어왔다. 이렇게 빨리 탈북하는 일은 극히 드문 일이라고 했다. 또한 온 가족이 5년 사이에 모두 한국에 정착하는 일 또한 매우 이례적인 일이었다.

부모님과 한국 정착 이후, 이곳에서의 생활 만족도나 행복감을 진지하게 대화로 나눈 적은 없다. 아무리 나쁜 나라였을지라도, 아버지에게는 평생의 수고와 업적이 쌓인 고향을 떠나게 했기 때문이다. 지금 여기서는 특별한 직책도 없으니, 왠지 아버지 삶의 가치를 떨어뜨린 것 같아 오히려 미안한 마음이 있다.

탈북 초기에 우리 집은 초비상이 걸렸었다. 아버지가 주차해 놓은 차에 북한 삐라가 놓여 있었기 때문이다. 너그럽게 용서하고 환대할 테니, 다시 돌아오라는 회유 삐라였다. 아버지와 같은 고급 인재의 탈북은 북한 기밀 정보가 새어나갈 우려가 있어, 북한에서는 매우 골치아픈 일일 수 있다. 오죽하면 탈북자들 중에는 북한에 남아 있는 가족이 인질로 잡혀 있으니, 다시 돌아오라는 협박에 응한 이들도 있다.

대한민국 땅에 북한 삐라가 있다고 하니, 믿어지지 않을 것이다. 그러나 나는 분명히 알 수 있다. 북한의 종이는 남한의 종이와 질이 다르다. 인쇄된 색감과 글씨를 보면 절대 한국에서 만든 게 아니다. 간첩들이 정말 활동하는 건가 싶었다. 더군다나 그 간첩들은 우리를 다 알고 있는데, 우리는 그들을 모른다는 점이 살짝 무섭기는 하다. 물론 이제는 하나님이 주신 사명을 깨달았기에, 죽음을 두려워하지는 않는다. 하나님이 허락하시지 않으면, 그들은 우리 가족 누구에게도 손 하나 댈 수 없음을 믿기 때문이다.

반면 어머니는 우리 가족을 모두 구원한 시작이 나라고 고마워하셨다. 특히 살림하는 주부여선지 수도꼭지 하나에서 찬물과 더운물이 바로 나오는 걸 너무나 좋아하셨다. 24시간 끊기지 않고 들어오는 전기를 보면서 이런 세상이 있다는 것에 매번 놀라신다. 게다가 남들은 부모가 먼저 와서 데리고 온다는데, 우리 집은 딸이 먼저 개척하고, 결국 딸 덕분에 아버지와 어머니 그리고 오빠까지 온 가족이 다 오게 됐다면서 좋아하셨다. '우리 집에선 우리 딸 유나가 구세주 같다'는 거다. 그러면서 어머니는 4식구 중에 나만 혼자 너무 고생을 많이 한 것에 대해 몹시 가슴 아파하셨다.

그런데 재미있는 건, 당에 충성을 다할 것 같은 오빠가 한국에 오자마자 군인 물이 가장 빨리 빠졌다는 점이다. 북한에서 좋은 대학에 다니고 싶었던 오빠는 그 소망을 한국에 와서 풀었다. 오빠는 연세대학교에 다니다가 캐나다로 유학을 떠났다. 게다가 오빠는 북한에서 인질 핍박을 받기 전에 우리가 손을 빨리 써서 빼냈기 때문에, 육체적으로는 큰 고난이 없었다. 대신 감시는 많이 당했다고 한다. 오빠가 그렇게 말할 때마다 어머니와 나는 놀리듯 한마디 던진다.

"그 정도면 황제급 탈북이야."

유나, 완?

목표를 다 이룬 자의 해이라고 해야겠다. 아니, 가슴에 꽁꽁 쌓아뒀던 긴장감이 풀렸다고 해야 할까. 오빠를 끝으로 가족 모두가 한국에 오고 나서 나는 몰라보게 변했다. 말 그대로 탕자처럼 살았다. 한동안 술과 클럽에 빠져 물 만난 고기처럼 정신없이 놀았다. 어느 날 몸에 이상 신호가 나타났다. 죽음의 그림자가 드리워졌고, 두 번의 대수술을 받았다.

수술이 끝나고 다니던 지구촌교회 구석 의자에 쪼그리고 앉아 나는 한 마디를 읊조렸다.

"하나님, 유나 왔어요…."

그러자 하나님은 지체하지 않으시고 내 마음에 익숙한 평안도 사투리로 대답해 주셨다.

"유나, 완?"

그 '유나 완' 소리에 왈칵 눈물이 났다. 하나님은 내 신음 소리에 정확히 응답하셨다. 내 기도 어느 것 하나 흘려들으신 게 없었는데, 나는 왜 그리 쉽게 하나님을 떠났나 싶으니, 부끄럽고 죄송하기가 그지없었다. 나는 하나님을 떠나 탕자처럼 살고 있었는데, 하나님은 내가 이곳에서 당신을 부르던 그 시간들을 다 기억하고 계셨다.

"죄송합니다…."

"우리 유나, 클럽이랑 잘 다니더라. 춤도 잘 추고. 이제 안 갈 거야? 다 놀고 완?"

"네. 이제 다 놀았습니다."

아마 그 순간의 나를 누가 나를 봤다면, 정신이 나간 사람일 줄 알았을 것이다.

"유나, 넌 아주 덜 돼먹었다. 난 너무 마음이 아프구나. 넌 네가 왜 여기까지 왔는지 모르지? 만약 내가 지금 북한에 있는 다른 사람 누군가를 선택해서 데려온다면, 지금의 너는 아닐 거 같다."

북한에서 대학에 다닐 때였다. 장마당 입구에서 국수를 사 먹고 있는데, 4살과 5살짜리 사내 형제가 내게 와서 손을 내밀었다. 그러나 나는 벌써 국수를 다 먹어서 국수 그릇에는 국물밖에 남지 않았다. 아무리 불쌍한 애들이래도 먹던 국물만 주기가 뭣해서 바닥에 쫙 버렸다. 그런데 순식간이었다. 그 국물이 버려진 데로 얼굴이 새까만 꽃제비 아이들이 동시에 엎드려서 바닥을 핥았다. 그 모습에 나는 큰 충격을 받았다. 집에 돌아가는 길에 그 애들 모습이 머리에서 떠나지 않았고, 국수를 나눠 먹지 못한 게 너무나 미안했다.

한국에 와서는 그때 일을 아예 잊고 살았는데, 하나님께서 그 장면을 떠올리게 하셨다. 그 순간 하나님의 말씀이 다시 들렸다.

"지금 나보고 선택하라고 하면 그 아이들이지, 지금의 네가 아니다."

하나님의 실망하신 마음이 느껴지자, 내 가슴이 도륙되는 것처럼 아팠다.

'아, 나는 뭘 하고 있었나? 하나님께서는 나를 저 어두움의 땅 북한에서 대한민국으로 인도하셔서 빛의 자녀로 만들어 주셨는데. 또 나를 살리시려고 두 번이나 수술을 시키셨는데, 난 뭘 했지?'

그때부터 눈물이 터졌는데, 도저히 멈추지 않았다. 그냥 펑펑 울었다.

"유나야, 내가 너를 선택한 이유는 너에게 특별한 사명이 있기 때문이야, 그게 내가 너를 택한 이유란다. 앞으로 너는 항상 내 시야 안에 있으면 좋겠구나. 네가 내 시야 밖을 벗어나면, 그땐 나도 너를 모른다 할 것이다."

그 말씀을 듣는데, 심장이 뚝 떨어지는 것 같았다.

"내가 너희 어머니 아버지를 다 데려다주지 않았니? 그때 금가루 뒤집어쓴 세 사람을 넌 아직 모르겠니?"

탈북 후 방콕 한인 교회에서 머물 때였다. 가족 생각이 나서 울고 다닐 때 금가루를 쓴 세 사람을 보여주셨는데, 그들이 바로 우리 부모님과 오빠였다는 말씀이었다. 하나님은 내가 한국에 도착하기도 전에 이미 우리 가족에 대한 탈북 계획을 세우시고 나를 선발대로 하여 이 일을 착실히 이루게 하셨던 것이다.

다시 쓰는 유나의 잠언 일기

진리를 전하는 통로가 다양할 수 있음을 기억하자

진리만이 영혼을 해방시킨다.
진리는 반드시 발견되고, 진리를 발견한 자는 반드시 변화된다.
진리를 얻기 위해선 기꺼이 대가를 감수하자.
진리는 지식이 아니라, 삶을 바꾸는 능력이다.

다시 교회로

　북한에 살던 우리 가족 중 3개국을 돌아 탈북한 사람은 나뿐이다. 어머니는 비행기를 타고 바로 왔고, 아버지는 배를 타고 들어왔다. 게다가 오빠는 북한을 떠난 지 2박 3일 만에 한국에 들어왔다. 나로 인해 우리 가족들이 북한에서 죽게 되지나 않을까 하는 그 죄책감에 눈물 마를 날이 없었다. 그런데 결과적으로 우리 가족 셋은 대체로 순탄한 탈북을 한 셈이다.

　또 지금 대한민국에 와 있는 탈북민 중에 온 가족이 와 있는 가정이 몇 퍼센트나 될까. 나와 우리 가족은 정말 하나님 앞에서 춤추며 찬양만 하고 살아도 모자랄 정도로 큰 은혜를 입었다. 그랬는데 그 은혜를 잊고 나는 엉망으로 살고 있었다.

어떤 힘에 이끌려 나는 무릎이 툭 꿇려졌다. 그리고 몇 시간째 교회 바닥에 쭈그리고 앉아 회개의 기도를 드렸다. 다리에 감각이 점점 없어지고 있었다.

"하나님, 저에게 사명을 주십시오. 이제부터는 하나님이 주신 그 사명을 다하겠습니다. 어차피 하나님께서 저를 살려주지 않았다면, 저는 탈북을 하다가 총에 맞아 죽을 수도 있었습니다. 하나님께서 그 단속을 피하지 못하게 하셨거나 그들의 눈을 가려주지 않았다면, 전 이미 북한으로 북송됐을 겁니다. 저는 이제야 하나님께서 탈북을 시켜주셨다는 사실을 알았습니다…."

우리 온 가족을 죽음의 땅에서 구해주시고, 우리 어머니까지 주님을 영접하게 해 주셨다. 그 당시엔 아직 신앙이 없던 아버지를 전도할 때였다.

"하나님, 이제는 우리 가족의 영혼을 구해주시려고 하는군요. 하나님, 이제부터는 하나님 나라에 가는 그 순간까지 하나님을 떠나지 않겠습니다. 그리고 저에게 주신 사명이 뭔지 알게 하시고, 그대로 살게 해 주십시오. 저는 이제부터 주님이 인도하시는 길로만 다니겠습니다."

두 번의 대수술과 회개 기도 후, 나는 다시 태어난 듯 새롭게 빚어지고 있었다. 온 가족이 한국에 오고 나자, 내 안에 가득 차 있던 긴장과 죄책감이 바람 빠지듯 다 사라진 것 같았다. 무거운 짐을 덜어낸 듯한 홀가분함과 큰 숙제를 마친 뒤에 오는 허전함 같은 게 있었던 듯싶다. 그 틈을 나는 감사 기도가 아닌 방탕의 죄에 자신을 내어 주었던 것이다.

당시 나는 미용실에서 근무하고 있었다. 같이 일하던 동료 여직원을 따라 우연히 클럽이란 곳엘 갔다. 반짝거리는 조명과 고막을 찢을 것 같은 음악에 맞춰 춤

추고 노는 젊은이들이 딴 세상 사람들 같았다. 화려하고 열정이 넘치는 그 세계에 나는 홀딱 빠지고 말았다. 정말 일주일에 아홉 번을 클럽에 갔던 적도 있다. 이전에 경험하지 못한 그 유흥에 눈을 뜨면서 정신없이 놀았다. 세상에 존재하는 춤은 원 없이 다 배웠다. 뭔가 하나에 빠지면 끝까지 파는 성격인 나는 강남, 이태원, 홍대 클럽 등 안 다닌 데가 없었다.

처음에 나를 밤의 유흥 문화로 가이드 해 주었던 한국 친구는 요즘의 날 보고 믿기지 않는다는 듯 한마디씩 한다.

"밤새우며 놀다가 아침 해가 밝으면 그 길로 출근하던 너 같은 날라리가 지금 하나님께 푹 빠져 있으니까 너무 웃긴다."

안타깝게도 그 친구는 아직 하나님을 만나지 못했다. 밥을 같이 먹을 때 내가 식사 기도를 하면 여지없이 또 놀린다.

"유나야. 나 웃기지 마. 그냥 하던 대로 해."

술고래였던 내가 이제는 술을 입에도 안 대니 기가 막히면서도, 내가 간증 다니느라 바빠지는 걸 보면서 서서히 내 변화를 인정하고 받아들이는 중이다.

"유나야, 네가 진짜 하나님을 만났구나."

이제 만나러 갑니다

　나는 한국에 와서 대학에 들어갔지만, 바로 그만둘 수밖에 없었다. 엄마도 빨리 모셔 오고, 오빠도 데려와야 했기 때문에 돈을 벌어야만 했다. 탈북하는 데 드는 돈이 어마어마하다. 지금은 경비가 더 삼엄해졌으니, 두만강 압록강 넘기는 비용만 1억 2천을 부른다고 한다. 그마저도 무사히 도착을 담보할 수 없다는 조건이다. 그러니 우리 가족은 하나님의 완벽한 시간대에 맞춰 독수리 날개를 태워 한국에 데려다주신 것이다. 연고도 없고 전문직도 아닌 탈북인 출신으로서 목돈을 모으기란 결코 녹록지 않았다. 아버지와 나는 몸이 부서져라 일했다.

물론 대학을 그만두는 데엔 다른 이질적인 문제들도 넘기 힘들었다. 스무 살이 한참 지난 뒤에 대학에 들어가다 보니, 몇 살씩 어린 동생들과 수업을 들어야 했다. 여기서 오는 애로 사항이 많았다. 우선 내가 탈북한 사람이라는 걸 밝히지 않으니 내 말투에 자꾸 신경이 쓰였다. 문화적 이질감도 느꼈다. 이곳 20대 아이들과는 달리, 내게는 차근차근 쌓아 온 한국적 정서나 문화 정보가 전무했기 때문이다.

또 나는 매일 아침 서로를 비판하는 생활총화에 길들여져 있어서, 말을 직설적으로 하는 편이다. 그러나 한국말은 매끄럽고 부드럽다. 민감한 이야기는 돌려 말하거나 기술적으로 전달하는데, 딱딱한 내 말투나 말법은 바로 섞이기가 어렵다. 그러니 정신적인 스트레스가 좀 있었다. 흔히 북에서 탈출한 사람들을 탈북민이라고 부르지만, 여러 모로 우리는 오랜 시간 다르게 살아오다 보니 어쩌면 큰 테두리로 볼 때 일종의 다문화 사람이라고 불러도 이상할 게 없었다.

그래서 일단 아버지와 나는 돈 벌 궁리하기에 바빴다. 내가 뭘 잘할까를 생각해 보니, 손재주가 좋았다. 국가 자격증인 미용사(헤어 디자이너)를 하고 싶다는 데 생각이 미쳤다. 한국에 온 지 2~3년 정도 됐을 때, 6개월 공부하고 자격증을 취득한 후 바로 일을 시작했다. 분당에 있는 미용실에서 만 6년을 일했다. 그때 지구촌교회에서 신앙생활을 할 때였다. 그동안 억눌렸던 스트레스가 있었는지, 그때 춤과 술 그리고 노는 일에 빠져 정신을 못 차릴 정도였다.

20대 초반부터 헤어 디자이너를 시작해 20대 후반이 됐을 때다. 방황하느라 교회에 안 나가던 시기에는 항상 하나님께 불평불만을 늘어놓았다.

"하나님께서 이러시려고 저를 데려다 놓으셨습니까?"

하루 종일 서 있는 미용실 일로 다리가 붓고 아팠다.

또 샴푸 독이 올라 손도 아팠다. 반복되는 생활로 온몸이 아프니 찬송가와 복음성가를 들으면서도 툭하면 원망이 나왔다.

"하나님, 내 사정 다 알고 계시면서 왜 이러고 계세요?"

어느 직업이든 힘들지 않은 일이 없겠지만, 헤어 디자이너 분야가 의외로 힘들었다. 하루 종일 서서 일해야 하고, 또 감정 노동이라 손님에게 받는 상처도 만만치 않았다. 북한에서 살던 10대 후반까지는 고생을 이 정도로는 안 했으니, 갑자기 몰아닥친 정신적·육체적 노동에 삼켜지는 것만 같았다. 지금은 절절히 이해한다. 하나님의 군대 전사가 되기엔 너무 부족해서 내게 꼭 필요한 훈련을 시킨 거라는 걸 말이다.

한국에서의 생활이 어느 정도 안정되고 믿음이 다시 자라나기 시작했을 즈음, 나는 우연한 기회로 방송 출연 제안을 받았다. '이제 만나러 갑니다'(약칭 '이만갑')에 나갈 기회를 주신 것이다. 처음엔 망설였다. 도대체 그런 곳에 왜 나가나 싶었다. 탈북자로서의 삶, 고통과 아픔으로 점철된 과거를 수많은 사람들 앞에서 드러낸다는 것은 너무나 큰 용기가 필요한 일이기 때문이다.

거절했지만 방송국에서 포기하지 않고 2017년에 또 연락을 해왔다. 그때는 이미 놀 것 다 놀고 두 번의 수술까지 마친 후였다. 한 달 만에 대수술을 두 번이나 받고 몸이 많이 힘들었는데, 어쩌면 내게 새로운 계기가 될 수 있을 것만 같았다. 방송에서 나는 내 이야기를 솔직하게 풀어놓기 시작했다. 북한에서의 삶, 세뇌와 억압, 탈북의 여정, 하나님을 만난 순간, 그리고 대한민국에서의 새로운 시작까지 숨기는 것 없이 풀어냈다.

강도 높은 직업 전선에서 단련을 받고 '이만갑'에 나갔기 때문에, 사람에 대한 두려운 마음이 많이 없어진 후였다. 미용하면서 수많은 사람들을 다 겪다 보니, 어느 정도 사람 보는 눈이 생겼기 때문이다. 예상보다 많은 이들이 그 방송을 통해 위로와 희망을 얻었다고 연락을 주었다. 어떤 이들은 눈물로 내게 고백했다.

"당신의 이야기를 들으며 나도 다시 살아야겠다고 결심했습니다."

'이만갑'에 출연하면서 내 인생은 또 한 번의 전환점을 맞게 됐다. 그 이후로도 탈북 자매들과 함께 두 번에 걸친 미국 사역도 감당하게 되고 여러 사역들을 맡게 되면서 점점 더 믿음의 용사로 자리매김을 해온 것 같다. 그때부터 조심스럽게 복음 사역을 시작했다. 하나님은 내게 딱 한 가지 마음을 주셨다.

'대한민국에 있는 크리스천들을 깨워라! 이제 드디어 네가 모세와 에스더가 될 차례다.'

처음 간증 자리에 갔을 때는 겁이 나서 나 혼자는 절대 못 간다고 했다. 간증 같은 걸 해 본 적도 없으니, 갈 수 없다고 목사님께도 말씀을 드렸다. 그래도 기도나 한 번 해보자 싶어서 기도하는데 마음에 또 이런 음성을 주셨다.

'가라! 내가 보내는 것이다. 네가 성도들 앞에 서 있는 것만으로도 내가 역사하는 거다.'

더는 거절할 수 없어 그냥 갔다. 강단에 올라가기 전까지도 아무 생각이 없었다.

'내가 올라가서 무슨 말 해야 하지?'

그런데 올라가니까 할 말이 준비된 듯 막 쏟아져 나왔다.

'아, 하나님이 다 알아서 쓰시는구나.' 너무 감사했다.

다시 쓰는 유나의 잠언 일기

간증은 하나님의 살아계심을 세상에 드러내는 통로이다

간증은 복음 전파의 강력한 도구이다.
간증의 힘을 믿고 나누는 데 주저하지 말자.
간증의 능력을 믿고 담대히 복음을 전하자.
우리의 삶 자체가 살아 있는 간증이다.

짐 로저스의 수행비서

 2018년 11월이었다. '이만갑' 방송 출연을 통해 알게 된 세계 3대 투자자 중 한 사람으로 불리는 '로저스 홀딩스'의 짐 로저스 회장으로부터 내게 연락이 왔다.

 "유나, 너 혹시 나와 일해 볼 생각 없어?"

 북한 출신들로 이루어진 '이만갑'에 출연할 당시, 나는 갑작스럽게 통역을 하게 됐다. 짐 로저스와 대화를 해야 하는데, 이왕이면 출연자가 하면 좋겠다는 의견이 나온 것이다. 제작진에서 유나 씨가 직접 하면 참 보기 좋을 것 같다고 제안하셔서 얼떨결에 통역을 하게 되었다.

북한에 있을 때 나는 중학교 시절부터 영어 반에서 영어를 공부했다. 내가 다니는 학교에서 우리 반이 우연찮게 영어를 공부하는 반으로 결정됐기 때문이다. 뭐든 욕심이 있으니 나 스스로도 열심히 했지만, 도저히 게으를 수 없는 환경도 한몫했다. 매일 치르는 테스트에서 점수가 모자라면 학교 선생님도 매섭게 체벌했지만, 고득점을 받아 오지 않으면 아버지도 매를 드셨다. 그때 배워놓은 영어와 중간에 잠깐씩 독학으로 교정하고 분당 지구촌교회에서 영어 설교를 들으면서 외국 친구들로부터 배운 영어 실력과, 잠깐 캐나다에 다녀오면서 실력이 올라간 이 영어가 한국에 와서 이렇게까지 내 길을 열어줄 것이라곤 미처 상상하지 못했다.

방송 통역이 끝나자 그 일은 그대로 잊어버리고 있었다. 어느 날 메일을 열었는데, 낯선 편지가 와 있었다. 바로 짐 로저스 회장님의 메일이었다. 방송을 마친 후 나를 인상 깊게 보신 회장님이 방송국을 통해 내 메일을 알아내고 직접 연락을 주셨던 거다. 그런데 세상이 하도 수상하니 내가 믿지를 않았다. 대차게 쏘아붙이거나 장난 메일로 생각해 무시를 했다. 그래도 메일이 계속되자, 한 마디 남겨야겠다고 생각했다. 메일 마지막에 이렇게 썼다.

"당신은 김정은이 보낸 스파인가요?"

그러자 회장님은 네가 김정은이 보낸 스파이 아니냐고 되받아치셨다. 그러고는 전화를 해서 목소리를 들려줄 테니 확인하라고 하셨다. 나는 다짜고짜 물었다.

"왜 저 같은 사람을 어시스턴트로 쓰시려는 건가요? 세계적인 대학을 나온 수재들도 많고, 한국에는 영어도 잘하고 학력도 뛰어난 사람들이 많은데요?"

회장님은 조용히 말을 이어갔다.

"언제인지 정확하게 알 수는 없으나, 아마 내 나이 30대 후반부터인 것 같다. 고맙게도 내겐 사람을 가려보는 능력이 생겼다. 네 눈을 통해 너의 눈부신 두뇌를 봤다. 너는 열정적이고 영어도 썩 잘하더구나. 나는 그날 비록 짧은 시간이었지만, 19세의 어린 여학생이 혼자 탈북을 한 것도 모자라 가족을 다 데려왔다는 너의 얘기를 듣고 적잖이 감명을 받았다. 내가 왜 너를 선택했는지 지금은 몰라도, 함께 일하다 보면 알게 될 거야."

며칠 후 부산에 온다는 소식을 듣고 회장님의 초청으로 부산으로 내려갔다. 북한에 전 재산을 투자하고 싶다는 발언으로 화제를 모은 짐 로저스 회장은 당시 3년 임기로 대북투자기업인 '아난티'의 사외 이사로 활동 중이었다.

부산에 내려간 나는 어리둥절했다. 검은 정장에 선글라스를 낀 남성 예닐곱 명이 나를 영접하더니, 영화에서나 볼법한 으리으리한 호텔 복도를 지나 커다란 문을 열었다. 그곳에 있던 로저스 회장이 나를 환하게 맞아줬다. 그날 나는 로저스 회장님과 아주 멋진 대화를 나눌 수 있었다. 그때 대화 도중 다짜고짜 회장님이 바빠서 그러니, 내일 아침부터 신라호텔 로비로 와서 수행을 하면서 회장님의 일을 도우라고 하시는 것이었다. 그때부터 함께 많은 나라들을 동행했다. 회장님이 만나는 사람들은 세계적인 정치·경제·문화계의 거물들이었다. 회장님의 수행비서 일을 맡으면서, 세계적인 경제 성장을 이끈 분들을 직접 만나는 특별한 경험을 했다.

가장 기억에 남는 일은 2019년 부산에서 열린 한·아세안 정상 회담 만찬 때였다. 당시 로저스 회장의 소개로 나는 아웅산 수치 미얀마 국가 고문, 리셴룽 싱가포르 총리, 또 이름이 어려워 기억할 수 없던 태국 총리 앞에서 북한의 실상을 얘기했다. 그러자 모든 정상들이 내 말을 경청하며 박수를 보내주었다. 한 투자자는 내게 이런 말을 해줬다.

"정유나 비서의 삶은 고난의 승리 그 자체이군요. 단순한 생존의 이야기를 넘어 이 세상에 꼭 필요한 빛입니다."

지금도 나는 회장님의 일을 종종 도와드리곤 한다. 단지 온라인을 통한 일이 더 많아졌다. 나의 개인적인 스케줄이 압도적으로 많아지다 보니, 회장님도 나의 길에 집중하기를 바라시고 나의 커리어를 더 중요하게 여기라며 응원해주고 계신다. 하나님께서 허락해 주신 귀한 인연이 아닐 수 없다. 나는 회장님을 통해 투자가 무엇인지를 배울 수 있었고, 세상의 경제 바퀴가 어떻게 굴러가는지 어느 정도 알 수 있게 되었다.

이렇게 하나님은 내 만남의 스펙트럼을 넓혀 주셨다. 그때부터 방송일과 간증 일정이 많아지면서 나는 지금 쉬는 날이 거의 없는 삶을 살아가고 있다. 기다렸다는 듯이 교회와 기업체 강연, 탈북 예술인 공연, TV, 라디오 출연 등 한국을 비롯해 외국에서까지 초청이 들어와 스케줄이 빈틈없이 채워졌다. 하나님께 매일 감사할 뿐이다.

새롭게 하소서

이번에는 기독교 방송 〈새롭게 하소서〉 제작팀에서 연락이 왔다. 그곳에 출연해 하나님이 배열하신 세 분의 진행자 앞에서 나를 살리신 은혜를 가감 없이 펼쳐냈다. 녹화 말미에 지금도 나를 붙들고 있는 질문 하나를 받았다.

"정유나 자매님의 꿈이 뭔가요?"

내 대답은 이미 준비돼 있었다.

"꿈이 없는 게 꿈입니다."

진행자들도 내 말에 적극 동감하면서 그 이유를 물었다.

"사실 저는 꿈이 많았습니다. 북한에 있을 때도 나름대로 꿈이 있었고, 체계적인 목표도 있었습니다. 그런데 제가 세우는 꿈과 목표는 참 쓸데가 없구나 하는 것을 알았습니다. 왜냐면 제 꿈과 계획표에는 탈북이 없었기 때문입니다. 탈북의 어려움을 겪고 대한민국에 와선 미용실에서 일했는데, 그 시절이 참 힘들었습니다. 북에 있는 어머니와 오빠를 데려오려고 때가 올 때까지 인내하고 기다리는 일이 너무나도 힘들었습니다. 그래서 이미 저는 내가 목표하고 꿈꾸는 것은 다 소용이 없다는 것을 알아버렸습니다. 그래서 저는 목표를 세우고 꿈을 세워서 그걸 좇아가느라 시간 낭비하지 마시라고 이야기하고 싶습니다. 그럴 시간에 차라리 하나님께서 저에게 꿈을 주시면 그것을 꾸고, 하나님께서 저에게 이거 시키시면 이거 하겠디고 그냥 순종하면서 편안하게 나아가는 게 낫습니다. 제가 해봤기 때문입니다."

 사실 내 인생 계획에 탈북은 전혀 없었다. 내가 지금 이렇게 살고 있으리라고 누가 과히 상상이나 해봤을까.

 그러나 굳이 꿈을 묻는다면, 다윗 같은 사람이 돼서 정치를 해보고 싶은 생각은 있다. 우나 좌나 어느 한 편이 돼서 진영 싸움을 하는 것이 아니고, 내가 맞다고 생각하는 것이 있으면 하나님께 기도를 드려보고, 하나님께서 주시는 게 이거다 싶으면 그렇게 해보고 싶은 거다.

 나는 두 체제를 모두 경험한 사람으로서 나 같은 사람이 정치를 하면 하나님이 어떻게 인도하실까 궁금하다. 그러나 이건 세상적인 목표는 아니다. 다만 누가 됐든 하나님을 경외하고 두려워하는 사람이 그 일을 해야 한다고 생각할 뿐이다. 내가 생각하는 꿈이 하나님의 계획과 맞지 않다면 하나님께서 막으실 것이다. 또 하나님께서 하시면 언젠가는 누구에게든 기회를 주실 거라 믿는다.

우리 주변에 국제 전문가는 많다. 그래도 만약 우리 민족을 깨우고 통일을 위해 일할 수 있는 사람이 필요하다면, 내가 그 일을 하고 싶다. 나 같은 사람들은 북한에 친척과 친구들이 있다. 통일에 관한 일은 북한 땅과 거기에 속한 사람을 향한 뜨거운 애정이 있어야만 한다. 그렇지 않다면 하나님께서 왜 굳이 잘살고 있는 모세를 80살에 지도자로 세워 이스라엘 백성들을 출애굽시키셨겠는가. 우리 모두에겐 각자의 사명이 있지만, 나는 정말 통일된 한반도를 보고 싶다.

북한에 이런 속담이 있다. '물에 빠져서 비 맞을 걱정하고 있다.' 이미 물에 빠져 있는데 젖을 걱정을 한다는 것이다. 나 같은 경우는 이미 '이만갑'에 출연했고, 이미 김정은이나 조선로동당 선전선동부는 나와 우리 가족의 일거수일투족을 다 알고 있다고 생각한다. 특히 나는 틈만 나면 여기저기 다니며 북한 체제를 날카롭게 비판하고 있기 때문이다. 그래서 많은 분들이 내가 어떻게 될까 봐 걱정을 많이 하신다. 나는 이미 탈북하면서 목숨을 수십 번이나 걸었기 때문에, 걱정 대신 이렇게 얘기한다.

"순교는 뭐 아무나 합니까? 그것도 하나님으로부터 선택돼야지 하는 겁니다."

어차피 순교할 수 있어서 하나님 나라에 일찍 가면, 그 얼마나 축복된 삶인가. 그래서 내 마음엔 '해볼 테면 해 보라지.' 한다. 또 하나 북한에는 '자는 사람 깨우기보다 자는 척하는 사람 깨우기 더 힘들다.'라는 속담이 있다. 어떤 이유에서든 현재 자는 척을 하는 신앙인이 있다면, 그만큼 내가 그분들을 깨울 수 있는 사람으로 바로 서야 한다고 생각한다.

하나님의 나팔수

 간증자의 자리에 서게 될 때마다 하나님께 묻고 또 묻는다.

 "하나님, 제가 성도님들 앞에서 어떤 이야기를 나누어야 할까요? 이 감격의 순간에 무엇을 전하는 것이 주님의 뜻입니까?"

 하나님은 항상 짧지만 강력하고도 분명한 한마디를 심어주신다.

 '감사함을 알게 해줘라. 그리고 자유의 소중함을 알게 해줘라. 진리가 너희를 자유케 하리라. 결국 우리의

완전한 자유는 하나님께서만 주실 수 있는 것이다.'

그 한마디 말씀에, 나는 혹여나 내 뜻대로 하려는 욕심의 세포 하나하나를 점검하고 거둬들인다.

감사는 형식이 아니라, 생명으로 드리는 신앙 고백이다. '감사합니다!'라는 말은 입술만의 움직임이 아니라, 삶 전체로 드리는 참 고백이 돼야 한다. 진정한 감사는 고난 속에서 피어난다. 고난이 없었다면 하나님의 동행과 인도하심을 결코 알 수 없었을 것이다. 그러기에 고난을 통과한 감사는 그 깊이가 다르다. 고난도 하나님의 선하신 뜻 안에 있으면, 언젠간 진정한 감사의 이유가 될 수 있다.

감사는 내 존재 자체가 하나님의 살아계심을 증거하는 고백이다. 마치 내 영혼의 뿌리 깊은 곳을 흔드는 강물과 같다. 감사함은 단지 말로만 전할 수 있는 것이 아니라, 내 삶 그 자체가 증거가 돼야 한다. 거듭 증거

하건대, 내가 지금 이 자리에 있다는 사실 자체가 기적이다. 절망과 억압의 땅, 인간의 존엄이 무시되고, 자유라는 말 자체가 존재하지 않는 땅, 체제에 대한 무조건적인 충성이 요구되는 땅…. 그 어둠 속에서도 하나님은 나를 보살피셨고, 마침내 이곳 대한민국으로 인도해 주셨다. 수많은 위기와 죽음의 순간 속에서도 하나님께서는 나를 결코 버리지 않으셨다. 그래서 날마다 나는 이렇게 고백한다.

"하나님은 나의 구원자이시며, 나의 보호자이십니다. 제 생명은 제 것이 아니라, 하나님께로부터 온 거룩한 선물입니다."

대한민국에서 눈 뜨는 매일 아침, 사소해 보이지만 이곳에서 누리는 매 순간이 기적이다. 감사와 더불어 나는 죽을 때까지 기도를 쉬지 않게 해달라고 구한다. 유년 시절의 기억은 잠시 잊을 수는 있어도 영원히 잊히지는 않는다. 고향을 향한 그리움은 평탄하고 자유로운 조건이 충족됐다 해도 어느 순간 불시에 올라와 먹먹해진다. 고향에 두고 온 친척들과 허물없이 지냈던 친구들이 떠오른다. 꽃 핀 길을 걷노라면, 고향 뒷산에도 이 꽃이 피어 있겠다 싶으니 또 마음이 울컥한다.

이 모든 만남을 가로막는 건 바로 바알과 같은 저 3대 독재 정권 때문이다. 누구보다 북한에 충성했던 게 우리 가족이다. 우리는 그 체제가 거짓으로 쌓은 모래성인 줄 꿈에도 의심해본 적이 없었다. 그 많은 사람이 알면서도 속고 몰라서 속고, 거짓에 눌리고 억압받다가 이 좋은 세상 한 번 만져보지도 못하고 죽어간 게 너무 가슴이 아프다. 지금 이 글을 쓰면서도 나를 화나게 만드는 김일성의 말이 있다. 북한에서는 말씀이라고 인용하는데, 바로 "우리 인민은 참 좋은 인민입니다."라는 말이다. 때려도 굶겨 죽여도 인권과 자유를 억압해도 아무것도 모른 채 그들의 노예로 잡혀 살고 있는 북한 주민들을 저 김씨 일가 3대가 얼마나 고마워하겠는가?

특별히 나는 그 지옥 같은 체제에서 소위 특권층으로 살아봤기 때문에, 일반 사람들과의 격차가 얼마나 심한지를 직접 겪어봐서 더 안타깝다. 단지 그곳에서 태어났다는 것 외에 그들에게 무슨 잘못이 있을까. 뭣 하나 제대로 누려보지 못하면서 평생을 이용당하고 세뇌당하며 살다 죽는다. 지독한 가난과 짓밟힘 속에 대대로 속아 살다가 어떤 기회도 얻지 못한 채 그 속박이 대물림된다. 그래서 오늘도 나 혼자의 안일에만 머물지 않고, 북한 동포들을 위해 마음을 다해 기도한다.

다시 쓰는 유나의 잠언 일기

복음은 억압된 영혼을 깨우는 능력이다
복음은 어떤 체제와 문화도 초월한다.
복음은 자유를 주는 메시지이다.
복음은 누구든지 변화시킬 수 있는 능력이다.
복음의 자유는 값없이 얻은 게 아니다.
세상의 체제는 영혼을 통제하지만, 복음은 영혼을 해방시킨다.

신앙의 정체

"너는 나 외에는 다른 신들을 네게 두지 말라. 그것들에게 절하지 말며 그것들을 섬기지 말라."(출애굽기 20:3, 5)

출애굽기의 이 말씀을 처음 들었을 때, 나는 온몸에 소름이 돋았다. 왜냐하면 이 말씀은 바로 내가 평생 따라왔던 그 체제를 정면으로 거스르는 하나님의 명령이었기 때문이다. 나는 김일성의 초상 앞에서 눈물을 흘리며 절했고, 그의 이름을 부르며 구원을 구했던 사람이었다. 그 모든 행위가 하나님의 말씀 앞에서는 명백한 우상 숭배였다는 사실은 충격 그 자체였다.

"나는 여호와이니 이는 내 이름이라 나는 내 영광을 다른 자에게, 내 찬송을 우상에게 주지 아니하리라"(이사야 42:8)

이 말씀은 내 가슴을 찌르는 날카로운 칼날과 같았다. 하나님의 자리에 인간을 세운 북한 사회, 그리고 그 체제 속에서 순종하며 살아온 나 자신을 보면서, 세뇌 교육이 얼마나 무섭고 사이비 종교가 얼마나 무서운 것인지를 다시 한번 절감했다. 하나님께 돌려야 할 영광과 찬양을 과거의 우리 가족은 한낱 피조물에게 바쳐왔던 것이다. 그것은 단순한 실수가 아닌, 하나님 앞에서의 심각한 범죄였다. 이 깨달음은 아직도 아무것도 모른 채 바알과 같은 정권에 모든 자유를 억압당한 채 살아가는 불쌍한 북한의 형제자매들을 위한 깊은 기도의 자리로 나를 인도했다.

나는 근 20년 가까이 사상과 체제의 노예로 살아왔다. 그 체제는 내게 허위의 진리를 강요했고, 그것을 의심하는 것조차 허락하지 않았다. 그러나 예수 그리스도의 복음을 통해, 나는 비로소 진정한 자유가 무엇인지 깨닫게 됐다. 그것은 외적인 자유나 환경의 변화가 아닌, 영혼 깊은 곳에서 일어나는 근본적인 해방이었다.

"진리를 알지니 진리가 너희를 자유롭게 하리라."(요한복음 8:32)

이 말씀이 내 삶의 전환점이 되었다. 나는 더 이상 체제의 명령에 의해 존재하는 존재가 아니다. 나는 하나님의 형상대로 지음을 받은 고귀한 자이며, 예수 그리스도의 피로 구속된 존귀한 하나님의 자녀이다. 그걸 깨닫고 확신하는 순간부터 나의 내면을 지배하던 두려움과 혼란은 서서히 평안으로 바뀌기 시작했다. 눈물과 고통의 시간이었지만, 그 시간들은 결국 나를 참된 진리와 생명으로 인도하는 여정이었다.

나는 그 혼란의 시기를 잊을 수 없다. 하지만 이제는 명확히 고백할 수 있다. 그 혼란은 나를 진리로 이끌기 위한 하나님의 사랑의 손길이었다는 사실을. 나는 더 이상 '장군님'의 노예가 아니다. 이제는 하나님의 존귀한 자녀로서, 자유함과 생명 가운데 살아가고 있다. 하나님의 말씀은 살아 있고 능력이 있어, 나를 옛 삶에서 구원하시고 새로운 피조물로 다시 빚어주셨다. 오직 하나님의 은혜와 진리만이 우리를 진정한 자유로 인도하신다. 다시금 이사야 선지자의 말씀을 되새긴다.

"나는 여호와이니 이는 내 이름이라 나는 내 영광을 다른 자에게, 내 찬송을 우상에게 주지 아니하리라"(이사야 42:8)

내부의 상태를 제대로 보기 위해서는 오히려 밖에서 제3의 눈으로 들여다봐야 할 때가 있다. 북한의 체제처럼 현대 사회에도 사람, 권력, 돈, 성공, 심지어 교회 시스템 자체를 우상처럼 섬기는 유혹이 있다. 한국 교회는 이제 겉으로 드러나는 권위에 집착하기보다는, 보이지 않지만 살아 계신 하나님을 온전히 경배하는 예배 공동체가 돼야 한다.

　내가 깨달은 진리는, 신앙은 억압이 아니라 해방이라는 것이다. 오늘날 성도들도 형식적 신앙과 전통적인 신앙, 종교적인 신앙, 율법주의에서 벗어나, 성경 말씀 안에서 자유하며 살아계신 하나님과 인격적인 깊은 관계를 맺는데 힘쓰며 하나님과 항상 동행해야 한다.

자유, 자유, 자유

　남한의 드라마를 1년 가까이 보면서 한국의 실체를 다 알아버렸다. 드라마를 본 후부터 내 가슴은 눌러 놓은 용수철이 튕겨 나가듯 펑 폭발했다. 한 번 폭발한 가슴은 다시 진정되지 않았다. 그리고 나는 지금 이 자리에 와 있다.

　그런데 이상하다. 진실을 알아도 하나님이 주신 '자유 의지'가 그렇게 쉽게 뽑히지는 않는가 보다. 그만큼 세뇌가 무섭다고 하는 게 옳을까. 친구의 권유에 의해 1년 정도 드라마를 본 나는 기어이 탈북을 했다. 나보다 더 일찍 한국 드라마를 섭렵하고 남한을 동경했던 그 친구는 벗어날 꿈을 꾸지 못했으니 말이다.

나는 탈북한 후 국정원에서 조사를 받을 때 부탁의 말씀을 드려 놨다.

"그 친구가 한국에 오게 되면 꼭 좀 연락을 주시거나 제 전화번호를 그 친구한테 알려주십시오."

그러나 아직도 연락이 없는 걸 보니, 탈북을 안 한 것 같다. 아니 못 한 것일 게다. 남한 드라마의 계몽으로 완전히 바뀐 나는 아버지 몰래 집에 숨겨놓은 뇌물 1,200 달러를 훔쳤다. 북한 사회에서 나고 자란 내가 한국으로 온다고 상상하는 것은 계몽된 수준을 뛰어넘어 목숨을 거는 모험이었다. 그 정도로 한국 드라마가 불러온 위력은 가히 천재지변 급이었다.

나중에 탈북하신 아버지가 그런 말씀을 하셨다.

"유나가 탈북한 건 다 전저으로 니 때문이고, 내가 시킨 것이나 마찬가지다."

나도 인정한다. 아버지의 전투적인 성향과 두려워하지 않고 도전하는 정신, 내게 있는 이런 것들은 확실히 아버지한테서 온 것이 틀림없기 때문이다. 아버지의 성향을 닮은 건 나뿐만이 아니다. 가장 먼저 내가 탈북했고, 나를 잡으러 아버지가 나왔고, 또 어머니까지 오고 난 뒤에 오빠까지 온 가족이 탈출했으니 말이다. 우리 가족의 피 속에는 도전과 극복의 피가 흐르고 있나 보다.

사실 오빠를 데려오는 건 쉽지 않았다. 내가 탈북한 걸 알고 사회에서 매장될 걸 두려워한 오빠는, 나와 우리 가족을 만나면 모두 기관단총을 걸어 놓고 쏴 죽이겠다고 했다. 오빠는 아직 우리가 중국에 있는 줄로만 알고 있었다. 오빠의 당황하고 놀란 마음을 짐작하기에, 우리는 서두르지 않았다.

일단 우리는 돈을 써서 당시 군인 신분이었던 오빠를 밖으로 빼내 국경 근처에 머물게 했다. 그리고 브로커를 통해 계속 오빠를 지원하면서 탈북 의사를 물었다. 그래도 꺾이지 않는 오빠를 어떻게 할 수가 없어서 일단 우리는 오빠를 혼자 놔뒀다. 채근하거나 설득하지 않고 가만히 기도하며 기다렸더니 한 6개월 정도 지나 오빠가 먼저 연락을 해왔다. 오빠 역시 한국 드라마를 열심히 시청한 후 탈북할 결심이 선 것이었다. 당시 오빠는 결혼 전이었다. 그런데 자기만 빼고 온 가족이 한국으로 탈출했으니, 자기도 더 이상은 혼자 거기 있을 수가 없었던가 보다.

오빠는 한국에 와서 일찌감치 공부도 하고 결혼도 했다. 지금은 너무 감사해한다. 내가 가끔 농담을 한다.

"오빠! 아직도 나를 그렇게 기관단총으로 쏴 죽이고 싶어?"

"왜 그런 옛날 소리를 하니?"

그러고는 꼭 이런 말을 덧붙인다.

"유나야, 너 간증할 때 그 얘기를 꼭 해. 자기 가족도 쏘겠다고 하는 날 봐라. 세뇌가 얼마나 무서운 건지를, 우리 수많은 대한민국 국민들에게 알려주라고!"

다시 쓰는 유나의 잠언 일기

기도는 하나님의 계획을 여는 황금 열쇠이다

기도는 언제 어디서나 힘이 된다.
기도와 예배와 실천을 통해야 영적 성장이 이뤄진다.
기도를 생활화하자.
북한을 위한 중보 기도를 멈추지 말자.
억눌린 이들을 기억하고 쉼 없이 기도하자.

끝나지 않은 이야기

너 왜 왔어?
세상엔 공짜는 없다
배고픔의 매커니즘
왜 저였어요?
다시 걷다, 함께 걷다
유나의 매일 기도

너 왜 왔어?

처음에 국정원 담당 직원은 나의 탈북 의지를 믿어주지 않았다. 다시 말하면 부와 안정적인 생활이 보장된 보장된 가정 환경에서 굳이 탈북할 이유가 없으니 의심이 된다는 것이다. 나는 북한 사회에서도 극히 일부 사람들만이 접근할 수 있었던, 철저히 베일에 싸인 환경에서 태어났다. 아버지는 김일성의 직접적인 명령으로 창설된 '스키부대'라는 특수부대 출신이다. 이 부대는 일반적인 군대와는 비교할 수 없는 엘리트 조직으로서 그 존재가 극비에 부쳐져 있었기에, 북한 내부에서도 그 실체를 아는 사람은 극소수에 불과했다. 심지어 같은 군대 안에서도 스키부대에 대해 입에 올리는 것조차 금기시됐다. 오죽하면 대북 정보 전문가인 국정원에서조차 아버지의 스키부대에 대해 들어본 적이 없다며 의심의 눈초리를 거두지 않았을까. 아버지가 그러한 부대에서 복무하셨다는 사실 하나만으로도, 우리 가정이 북한 사회에서 차지한 위치와 특권적인 배경이 어느 정도인지 가늠할 수 있을 것이다.

북한은 철저히 계급화 된 사회 구조를 가진 나라이다. 사람의 운명은 출신성분에 의해 결정되며, 그것은 벗어날 수 없는 족쇄처럼 일생을 따라다닌다. 이처럼 경직된 체제 속에서도 우리 가정은 소위 '핵심 계층'으로 분류돼 있었다. 그 덕분에 나는 일반 주민들과는 전혀 다른 환경에서 성장했다. 의식주 생활과 교육의 질은 물론 문화적 접근성까지도 타인에 비해 월등히 우월했다.

어릴 적 나는 이런 행운이 당연한 복이라 여겼다. 그러나 시간이 지나고 진리 앞에 섰을 때, 복이라 믿었던 삶이 사실은 거짓된 안온함 속에서의 포로 생활이었다는 것을 깨닫게 됐다. 그 삶은 철저히 세뇌된 사상의 감옥 안에서 누렸던 위장된 자유에 불과했다. 북한은 연좌제가 강력하게 발동되는 사회이다. 가족이나 친척 누구 하나라도 사고를 치는 날에는 그동안 누려왔던 모든 권력이 땅에 떨어지고 만다. 그 좋은 예가 장성택이다. 아무리 높이 올라가도 노예에 불과하고 김씨 일가는 자신들을 태양이라고 하는데 딱 맞는것 같다. 가까이 가면 타 죽고 멀어지면 얼어죽는다.

이러한 북한의 실체를 깨닫는다면 더 이상 그곳에서 희망과 꿈을 가지고 날개를 펼치고 싶지 않을 것이다. 즉 의식의 변화가 나의 운명을 바꾼 것이다. 그러니 국정원에서 나의 탈북 이유를 쉽게 납득하기 어려워했던 건 큰 무리가 아닐 수도 있다.

"너는 아무리 봐도 이상하다. 도대체 너 왜 왔어?"

송승헌 때문에 도망쳤다고 하면 누가 믿을까. 그런

데 믿거나 말거나 나는 진짜 한류 배우 송승헌 오빠의 얼굴을 보고 왔다. 그리고 무엇보다 드라마를 통해서 본 대한민국 사람들의 자유로운 행동은 내 머릿속을 맴돌았고 저런 곳에서 하루만이라도 나를 위해 사람답게 인간답게 살아보고 싶은 욕망이 나 자신을 집어 삼켰다.

세상엔 공짜는 없다

특권은 반드시 대가를 요구한다. 북한에서 누렸던 모든 특권은 공짜가 아니었다. 이유 없는 호의가 없고, 이유 없는 뇌물이 없다. 특권을 누렸던 내가 치러야 하는 가장 큰 대가는, 내 삶의 존재 이유와 경배의 대상을 오로지 '장군님'에게 돌려야 한다는 것이다. 우리 가정은 물론이고, 북한 사회 전체가 김일성, 김정일, 김정은 3대 세습의 독재자를 살아 있는 신으로 숭배하는 체제에 깊숙이 물들어 있다. 나는 어린 시절부터 아침마다 김일성, 김정일의 초상화 앞에서 인사를 하며 하루를 시작했고, 학교에서는 '장군님'을 찬양하는 노래를 부르며 충성을 맹세했다.

'살아도 죽어도 장군님을 위해 살아라.'

'너의 육체적인 생명은 부모가 줬지만, 영원한 정치적인 생명은 오로지 어버이 수령님과 어머니 당의 품에서만 영생한다.' 귀에 못이 박히게 들어왔던 얘기다

'수령님'의 초상화와 구호 문구는 학교 벽마다 도배돼 있었고, 그 구호들을 따라 외우는 것이 북한 주민의 의무요 일상이었다.

이런 사상의 주입은 단순히 외적 행동이나 언어에만 머물지 않았다. 내 사고방식과 감정, 심지어 꿈과 희망까지도 '장군님'을 중심으로 짜여졌다. 누군가 이 체제에 일말의 의심을 품거나 불복하려는 기미를 보이면, 그 결과는 상상도 할 수 없는 공포와 억압으로 응징됐다. '인간다움', '양심', '자유'라는 개념은 아예 이 세상에 존재하지 않는 허상이나 다름없었다. 나는 입력된 프로그램에 의해 작동되는 가짜 로봇에 지나지 않았다.

사람은 배고픔이 해결되고 육신이 편안하면, 그다음엔 누가 시키지 않아도 보다 인간답게 사는 걸 추구하게 된다. 그렇게 어느 정도 인간다운 삶이 보장되면, 그다음엔 누가 시키지 않아도 본능적으로 눈에 보이지 않는 더 높은 가치를 추구하게 된다. 나 역시 북한 사회에서 민주주의에 대한 열망이 자라려면, 먼저 추위와 배고픔이 해결돼야 한다고 생각한다. 추위와 배고픔이 해소되지 않으면, 밖에서 북한을 어떻게 바라보든 민주주의의 열망은 절대 일어나지 않을 것이다. 그런 측면에서 볼 때 아무리 북한 사람들이 딱해 보여도, 현재 북한은 아직 민주주의를 열망할 단계에 이르지 못하고 있다고 본다. 바로 그 배고픔을 정치의 일환으로 사용하고 있는 김정은 독재 정권 때문이다.

다시 쓰는 유나의 잠언 일기

북한 지하교회를 기억하고 함께 울며 기도하자

다음 세대를 하나님의 말씀으로 세우자.

먼저 부름 받은 자의 사명을 감당하자.

북한 선교는 하나님의 때를 기다리는 인내의 사역이다.

사명은 삶의 끝이 아니라, 새로운 시작이다.

새로운 정체성의 삶을 주님 안에서 시작하자.

성경 말씀에 순종하자.

세상의 무대에서도 복음의 증인으로 살아가자.

소외되고 고통받는 이웃을 향해 사랑과 섬김을 실천하자.

이웃의 고통에 무관심하지 말자.

인격적인 하나님과의 만남을 추구하자.

자녀 세대에는 오직 하나님만 가르치자.

편견 없이 이웃을 바라보며 진심으로 다가가자.

배고픔의 매커니즘

 북한의 주민들을 종교화하는데는 또 다른 묘책이 숨어 있다. 북한 학생들에게는 인문학, 철학을 절대 가르치지 않는다. 자신들이 누구인지 고민하게 만드는 학문은 가르치지 않고 오로지 김부자 관련 인문학, 김부자 철학을 교묘하게 성경이나 다른 철학자들의 글을 베껴서 가르치고 있다. 또한 자기 자신이 어디서 왔고 어디로 가며 왜 존재하는지에 대한 고뇌를 할 수 있는 학문은 다 차단한다. 나의 운명을 내가 결정한다는 주체사상과는 달리 오히려 나의 운명과 모든 것을 국가가 즉 조선로동당 그 위에 김씨 일가가 정해주는 것이다.

어떻게 그런 원리를 알았는지, 김씨 일가는 북한 주민들을 딱 죽지 않을 만큼의 식량과 피복만을 제공한다.

'배부르면 딴 생각한다. 합리를 찾고 자유와 민주주의를 갈망하지 못 하게 하려면, 맨날 먹는 것에만 신경 쓰는 동물적인 본능만 살려 놓아야 한다.'

대한민국은 삶을 유지하는 기본 3요소를 '의·식·주'라고 인식하지만, 북한은 '식·의·주'이다. 가장 기본적인 먹는 문제 해결이 안 되기 때문에, 다른 건 꿈도 꾸지 못 한다. 이런 저런 이유로 탈북한 사람들의 면면을 보면 알 수 있다. 국경 근처에 살아서 남한 사회를 좀 더 자주 접해본 사람들이나, 나처럼 먹고사는 문제가 아닌 특별한 계기를 접한 사람이 주로 탈북을 감행한다. 탈북 초기엔 배고파서 탈북하는 사람들이 많았다면 지금은 의식의 변화로 많은 사람들이 탈북한다. 탈북의 이유와 동기부여도 달라지고 있다. 북한에서는 어느 정도 배가 채워지고 생각의 여유가 있어야, 탈출할 마음을 품을 수 있는 게 현실이다.

문명의 발전은 인종의 우월성이 아니라, 어디에서 태어났는가가 결정한다고 한다. 조국을 책임지겠다는 배급 체계조차도 무너진 북한 사회. 당장 먹고살 길이 막막하고 눈앞에서 자식이 죽어 가는데, 설령 독재가 잘못됐다는 걸 안다고 한들 그 누가 자유와 민주주의를 외치며 이 일에 목숨을 걸겠는가.

나는 대학교 2학년 때 탈북했다. 남한의 드라마로 마음이 들썩거렸지만, 그렇다고 미래를 보장할 수 없는 탈북을 혼자 결단하기는 쉽지 않았다. 그 결단을 앞당긴 건 어쩌면 예고된 두려움 때문이었다.

2학년을 끝마치면 바로 끌려 나가게 되는 교도대 훈련이 죽기보다 싫었다. 내가 아무리 북한에서 상류층으로 풍족하게 살았다고 해도, 군대 갈 때가 되면 누구든 똑같이 차출된다. 자기 형편에 따라 뇌물을 써서 빼줄 수 있느냐 아니냐의 차이가 있을 뿐이다. 그런 시스템이다 보니 북한의 정식 국가명은 조선 민주주의 인민 공화국이 아니라, 뇌물 공화국이라고 해야 옳을 듯싶다. 돈이면 다 해결되는 곳이 북한이니, 북한의 실체는 세상 그 어느 곳보다 더 철저한 자본주의 사회라고도 말할 수 있다.

한데 참 아이러니하다. 북에서는 6개월간의 교도대 훈련을 그렇게 가기 싫었던 내가 한국에 와서 진짜 되고 싶었던 게 해병대 여군이다. 하지만 아무리 원해도 문제가 있었다. 내가 탈북할 당시 우리나라 대한민국에서는 군대에 지원하려면 이곳 한국에서 중·고등학교를 나와야 하는 조건이 있었다. 나는 북에서 대학 2학년까지 다녔지만, 한국에서는 학력이 전무하니 자격이 안 된다. 특수부대 지휘관이었던 아버지의 DNA를 물려받아선지, 아직도 내 안에는 직업 군인에 대한 동경이 있다. 물론 우리 어머니가 이런 내 속을 알면 펄쩍

뛰실 것이다. 내가 여군이 되는 것뿐만 아니라, 내 결혼 상대에 대해서도 이미 누누이 말해오셨다.

"너 절대 군관은 데려오면 안 돼. 엄마 눈에 흙이 들어가도 군관은 안 돼. 절대 허락할 수 없어."

북한에서 일반 군인은 하루 밥 세 끼 먹는 게 최선이었다. 애지중지 키운 딸이 또 고생길로 접어드는 걸 차마 볼 수 없는 어머니의 마음일 게다. 그러나 나는 지금도 군복 입은 사람들을 보면, 마음이 편하고 정이 간다. 이상형이 누구냐고 물으면, 직업 군인이라고 할 만큼 군복에 약하다.

왜 저였어요?

북한의 현실은 우리가 상상하는 그 어떤 것보다 훨씬 더 비참하고 참혹하다. 나는 탈북자로서 꼭 당부하고 싶은 게 있다. 우리가 언론이나 미디어를 통해 접한 정보가 북한 현실의 전부가 아니다. 사실 그 고통은 훨씬 더 깊고 넓고 치열하다. 나와 같은 길을 걸어온 다른 북한 출신들의 이야기를 들을 때마다, 그 오랜 고통의 깊이에 공감하면서 인간의 존엄성이 얼마나 참담하게 짓밟히고 있는지를 처절하게 깨닫게 된다.

이 참혹한 현실은 결코 과거의 일이 아니라, 바로 지금 이 순간에도 북한 땅 곳곳에서 계속되고 있다. 나는 이 가슴 아픈 현실을 숨기지 않고 세상에 알리는 일이 하나님께서 내게 맡기신 가장 중요한 사명임을 분명히 느낀다. 그리고 그 고통 받는 동포들을 위해 내가 품는 간절한 소망은 북한 땅에 참된 자유가 찾아오고, 복음이 온전히 전파돼 하나님 나라가 임하는 것이다.

북한 지하교회 성도님들은 이런 기도를 드린다고 한다. 하나님 남쪽에만 계시지 마시고 북쪽에도 좀 와주쇼. 이 기도를 들었을 때 너무나도 마음이 아려와 눈물을 감출 수가 없었다. 그들을 위해 한국 교회의 강력하고 지속적인 중보 기도가 절실히 필요하다고 믿는다.

이제 나는 분명히 깨달았다. 내 이야기는 단지 과거의 아픈 기억을 되새기는 것이 아니라, 하나님께서 한 영혼을 어떻게 구원하시고 그 생명을 어떻게 세상을 위한 살아 있는 간증으로 사용하시는지를 명백히 드러내는 증거가 돼야 한다는 것을. 내 존재 자체가 하나님의 살아계심을 온 세상에 증거 하는 소중한 도구가 되어야 한다는 것을 안다. 그래서 나는 종종 이런 질문을 던진다.

'왜 하나님께서 수많은 사람들 중 나를 살려 주셨을까?'

그 답은 분명하다. 나는 단순히 살아남은 자가 아니라, 살아있을 '이유가 있는 자'라는 것이다. 나는 이 사명의 자리를 감당하기 위해 구원받은 사람이다.

북한 출신 한 사람 한 사람은 마치 출애굽 당시 백성을 인도한 모세와도 같다. 하나님께서는 당신이 택한 민족의 구원을 위해 먼저 한 사람을 불러 세우셨고, 모세는 그 부르심에 순종함으로써 그 백성들을 구원의 길로 이끌었다. 나 또한 하나님의 부르심을 받은 '오늘의 모세'이다. 그리고 나와 같은 수많은 북한 출신(탈북민)들이 북한 동포의 구원과 자유를 위해 책임을 지고 기도하며, 증언해야 한다고 믿는다.

대한민국에서의 삶은 내게 '제2의 인생'이라는 말이 얼마나 실감나는지를 날마다 느끼게 한다. 매일 아침 눈을 떠 따스한 햇볕을 마주하고, 거리에서 자유롭게 예배를 드릴 수 있다는 사실만으로도 나는 숨이 멎을 듯한 웅장한 감격을 느낀다. 그 어떤 물질이나 성공보다, 자유의 공기와 하나님의 말씀을 마음껏 누릴 수 있는 이 삶이 내게는 상상조차 할 수 없었던 '천국'의 삶이기 때문이다.

나는 단지 탈북에 성공한 행운의 사람이 아니다. 나는 자유를 먼저 누린 자로서, 그 자유의 축복을 나누고 인도할 책임이 있는 사명자이다. 지금 이 땅에서 우리가 함께 드리는 간절한 기도, 뜨거운 눈물, 복음을 전하는 용기는 결코 헛되지 않으며, 하나님의 정하신 때에 반드시 북한 땅에도 은혜의 강물을 흘러 보내주실 걸 믿는다.

다시 쓰는 유나의 잠언 일기

복음의 자유를 소중히 여기자
신앙의 본질은 자유이다.
자유는 값없이 주어진 것이 아니다.
자유의 소중함을 기억하고 감사하자.
진정한 자유는 예수 그리스도를 통한 영적 자유이다.
진정한 자유는 하나님 안에 있다.
진정한 자유는 환경이 아니라, 그리스도 안에서의 해방이다.
참된 자유는 하나님 안에서만 찾을 수 있다.

다시 걷다, 함께 걷다

내 나라 대한민국은 북한 이탈 주민들에게 정착하여 생활할 수 있는 집을 임대해 주고 초기 정착금도 지원해준다. 우리는 이곳으로 넘어왔을 뿐, 대한민국에 아무것도 기여한 게 없다. 그런데도 국적을 주고 터전을 주니 얼마나 감사한가. 왜 이렇게 지원해주냐고 물었더니, 그 대답이 나를 더욱 감동하게 했다.

"여러분은 원래 대한민국의 국민입니다(대한민국 헌법 제3조 인용). 하필 태어난 곳이 북쪽이라, 그동안 대한민국 국민으로서 누려야 할 것들을 받지 못했습니다. 그래서 이렇게 도와 드리는 겁니다."

내 나이의 반은 북한에서, 나머지 반은 대한민국 국민으로 살고 있다. 나는 이 소중한 '자유'에 대해 한시도 잊지 않으려 한다. 자유와 인권은 이미 가진 사람들에게는 너무나 당연한 공기와 같다. 그러나 그것을 빼앗긴 사람들에게는 목숨을 바칠 각오를 해야만 누릴 수 있는 절대 가치이다. 그러므로 자유와 인권은 먼저 그것을 누린 사람들, 즉 자유의 가치를 알고 지킬 힘이 있는 사람들이 먼저 나서서 지키고 싸워줘야 한다. 그렇지 않으면 우리가 그것을 빼앗기는 일이 발생했을 때, 아무도 우리를 위해 싸워줄 사람이 없을 것이다.

한나 아렌트(Hannah Arendt)는 '자유'를 일러 권리가 아니라, 의무라고 설파했다. 이처럼 자유는 거저 주어지는 선물이 아니라, 자유로울 때 더욱 지켜야 할 아름다운 싸움이다. 그리고 우리가 누리고 있는 이 자유는 수많은 누군가들의 희생 위에 이뤄졌다. 그러니 우리도 이 자유를 누리지 못하는 이들과 나눠야 할 책임이 있다.

나는 탈북할 때 부모님의 허락을 받지 않았다. 그때 일방적으로 결정했던 허락을 이번엔 내 딸에게 받고 싶다. 어디서부터 어떻게 말해야 할까. 내게는 눈에 넣어도 안 아플 예쁜 딸이 있다. 이 귀하고 고운 딸을 한국에서 얻었다. 자세한 얘기를 지금 다 할 수는 없다. 하지만 나중에 이 아이가 다 커서 나를 이해해준다면, 그때는 나의 대한민국에서의 삶을 2부로 펴내고 싶다. 지금에서야 밝히는 이유는 딸이 오랜 시간 엄마가 북한 출신이라는 걸 받아들이기 힘겨워해서다. 관심이 쏠리는 것도 달갑지 않고, 대한민국 땅에서 태어난 딸에게 북한은 사람이 살 수 없는 이상한 곳인데, 엄마 고향이 그곳이었다는 사실을 누가 알까봐 부담스러워했다.

나는 딸의 입장이 충분히 이해됐기에, 아이의 마음이 움직일 때까지 존중하고 기다렸다. 그리고 드디어 내게는 너무도 사랑하는 딸이 있다는 사실을 다른 이들에게 말해도 좋다는 허락을 받았다. 딸의 허락은 또 다른 희열이고 환희다. 국경을 넘어 자유의 땅으로 안긴 감격과는 별개로 엄청난 기쁨이다. 어쩌면 이제야 비로소 진정한 자유를 얻은 것만 같다.

나는 대한민국 국민으로서 흔치 않은 자유의 기회를 얻은 사람이다. 하여 나는 3만 명이 넘는 우리 고향 분들과 함께, 그리고 통일을 염원하는 모든 분들과 함께 통일로 가는 일선에 서서 하루하루를 열심히 살아갈 것이다. 내게 주어진 시간, 나를 이끄는 장소, 내게 맡겨진 일을 부지런히 수행하며 자유의 가치를 지키고 나누는 자가 되려 한다.

오늘도 나는 다시 걷는다. 그리고 나는 그때도 지금도 혼자가 아니다. 이 모든 일을 미리 계획하시고 때가 차매 이루신 삼위일체 하나님 아버지가 함께하시기 때문이다.

유나의 매일 기도

죽음의 골짜기에서 건져내시고 자유케 하신 은혜를 찬양합니다.

새로운 삶과 사명을 허락하심에 감사드립니다.

북한의 어둠에서 저를 건지신 주님의 은혜를 찬양합니다.

저의 간증이 성도들의 마음에 믿음의 불을 붙이게 하소서.

저의 간증을 통해 많은 이들이 자유와 회복의 기쁨을 누리게 하소서.

저의 간증이 이 땅에 도전과 위로가 되어 하나님의 영광을 드러내게 하소서.

저의 간증이 주님의 길을 함께 걷는 믿음의 동역을 일으키게 하소서.

저의 간증이 행동하는 믿음을 일으키는 도전이 되게 하소서.

저의 간증이 한국 교회와 성도들에게 새로운 각성과 감동이 되게 하소서.

저의 고백이 위로와 각성의 도구가 되게 하소서.

북한 땅에도 복음의 빛이 퍼지게 하시고, 북한에도 복음의 빛이 퍼지도록 한국 교회를 사용하여 주옵소서.
북한의 영혼들이 진리 안에서 자유케 되는 날이 속히 오게 하소서.
북한의 지하교회 성도들을 위해 눈물로 기도하는 교회가 되게 하소서.
복음의 통일이 이루어지는 날을 준비하게 하소서.
복음 통일을 위해 눈물로 기도하는 교회가 되게 하소서.
복음을 기다리는 북한 땅을 향해 믿음으로 나아가게 하소서.
북한의 성도들이 억압과 두려움 속에서도 주님의 이름을 부르게 하소서.
북한에도 참된 해방과 복음의 빛이 임하게 하소서.
북한 지하교회의 성도들을 기억하고 중보와 눈물의 기도를 회복하게 하소서.
북한 이탈 주민들과 고난 중에 있는 자들에게 주님의 사랑을 나누게 하소서.

북한의 숨죽인 예배를 잊지 않고 함께 울게 하소서.
북한과 열방을 위한 선교의 불꽃이 다시 타오르게 하소서.
주님의 시간표를 신뢰하며 복음 통일을 준비하게 하소서.
편견이 아닌 긍휼로 북한을 품게 하소서.

기도의 능력을 다시 회복하게 하소서.
기도와 예배 속에서 하나님과 깊이 교제하게 하소서.
말씀과 기도의 자리에서 다시 불이 붙게 하옵소서.
말씀을 사모하며 살아 있는 예배를 드리는 공동체가 되게 하소서.
말씀이 삶의 능력이 되게 하소서.
성도들이 말씀 앞에 무릎 꿇고, 세상의 빛으로 살아가게 하옵소서.
성도들이 기도와 말씀으로 주님과 동행하며 은혜 받은 자로서 섬기고 나누게 하소서.
성도들의 마음에 성령의 능력을 부어주셔서 말씀과 기도로 새로워지게 하소서.
예배와 기도의 자유를 당연히 여기지 않고 더욱 뜨겁게 주님을 찾게 하소서.
예배의 감격을 회복하게 하시고 복음의 본질을 굳게 붙들게 하소서.

한국 교회가 그 은혜를 잊지 않고 복음을 더욱 붙들게 하소서.
한국 교회가 세상의 유혹 속에서도 복음 위에 굳게 서게 하소서.
한국 교회가 어떤 상황 속에서도 복음을 굳게 지키게 하소서.
한국 교회가 정치적 이익이 아닌, 하나님의 영광을 위해 존재하게 하소서.
이제 그 자유와 회복이 한국 교회에 깊이 새겨지게 하소서.
교회가 세상의 소리에 휩쓸리지 않게 하소서.
교회가 고통받는 자들을 위해 눈물로 중보하는 사명의 공동체가 되게 하소서.
교회가 환대와 사랑의 공간이 되게 하소서.
비판보다 연합을 택하는 성숙한 공동체가 되게 하소서.
일상의 감사와 찬양이 넘치는 공동체가 되게 하소서.
서로를 용서하고 격려하며 하나님의 나라를 이루는 공동체가 되게 하소서.

성도들이 편안함에 안주하지 않고 사명자의 마음으로 일어나게 하소서.

창조적이고 실제적인 복음 전도로 열방을 섬기게 하소서.

모든 성도들이 영적 전쟁에서 승리하는 자 되게 하소서.

믿음이 의심을 이기고 영혼의 치유와 자유를 경험하게 하소서.

성도들이 편안함에 안주하지 않고 사명자의 마음으로 일어나게 하소서.

풍요 속에 복음의 본질을 잃지 않게 하소서.

편안함에 젖은 신앙이 아니라, 십자가의 길을 따르는 참된 믿음을 갖게 하소서.

잃어버린 자들을 긍휼로 품게 하소서.

진리 안에 굳게 선 등불이 되게 하소서.

성도들이 믿음으로 결단하는 삶을 살게 하소서.

성도들이 받은 은혜를 흘러보내는 삶을 살게 하소서.

상처와 죄책감 속에서도 하나님의 위로를 경험하게 하소서.

자유와 풍요 속에서도 십자가 앞에 엎드리는 믿음을 갖게 하소서.

세상의 소리에 흔들리지 않고, 복음의 빛을 굳게 붙드는 공동체가 되게 하소서.

이 민족이 열방을 섬기는 제사장 나라로 세우심을 알고 회복되게 하소서.

고난 중에도 주님의 인도하심을 신뢰하게 하소서.

참된 자유와 평안을 누리는 믿음을 허락하옵소서.

염려를 내려놓고 감사와 기도로 하나님 나라를 위해 담대히 서게 하소서.

고난 중에도 감사로 주께 영광 돌리는 삶을 살게 하소서.

이 우주를 창조하신 존귀하신 예수 그리스도의 이름으로 기도드립니다. 아멘.